新装版 ヤクザ崩壊 半グレ勃興

溝口 敦

講談社+α《プラスアルファ》文庫

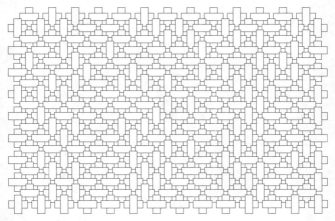

序　章　想定外な組織犯罪地図の地殻変動

かたちを変える暴力集団

今、日本の裏社会で五〇～六〇年に一度という大きな地殻変動が進んでいる。それこそ日本の敗戦以来といっていい大変動だろう。これに伴い暴力団や半グレ、半カタギなど、得体の知れないグループから成る反社（反社会的集団）勢力地図が完全に塗り替えられようとしている。

こうした変動の第一の要因は暴力団メンバー数の減少と勢力の退潮である。その直接的な理由としては警察、検察による暴力団退治が挙げられるが、それ以前に暴力団の持つ組織システムが時代にそぐわなくなっている。

反社グループの中で捜査当局が唯一メンバーの実態を把握しているのは暴力団だけである。暴力団には中世の職人に似たギルド的なシステムがある。すなわち親方が認めたものだけがメンバーであり、ルールに違反し、また金銭関係で周りに迷惑をかければ、組から追放されてメンバーの資格を失う。追放されたメンバーを他の暴力団が拾うことは許されない。組員は絶縁、破門、除籍などの形で組から追放され、同時に暴力団業界からも排除される。以後、その組員は暴力団を生業《なりわい》とすることはできない。

そのために組は組員か組員でないかを峻別する。組員の名前や組での役職はリスト化され、組員の名を列記した書状は年賀などの際、他団体にも送付される。また襲名式などでは多数の他団体首脳に出席を求め、その出席者名簿が式後、参加者に配られる。組からの処分者についても、その者の姓名が他団体に通知されることはいうまでもない。

暴力団がこうしたルールや習慣を持っている以上、取り締まり当局がメンバーのデータを入手することはきわめて簡単である。換言すれば、暴力団は取り締まり当局の前にその全容をさらしている。しかも暴力団は暴力団対策法のほか、都道府県の暴力団排除条例、銀行や証券、不動産など各種業界の暴力団排除要項などで包囲されている。

暴力団はいわば敵に包囲される中で柔らかい腹をさらしている存在である。暴力団が外部から攻撃を受けない方がむしろ不思議だろう。

これに対して、ヤミ金や特殊詐欺、危険ドラッグなどに従う半グレ集団はグループ名やメンバー名、活動場所などを取り締まり当局に把握させていない。また半グレ集団同士の友誼関係は私的にはともかく、制度としては存在しない。友誼関係から情報が漏れることは基本的にあり得ないのだ。犯罪行為に手を染める半グレ集団は周りに自分たちの存在を悟らせないこと、組織の秘密を保つことの重要性を深く認識している。

どちらの組織が当局の取り締まりに対して耐性を持つのか、いうまでもない。彼らのシノギである犯罪をどちらが安定的に継続できるか、これまたいうまでもない。

暴力団は組員の管理や他団体との交際などで、時代遅れのルールを持っている。これでは現代社会に生き残れない。

暴力団と半グレ

暴力団は長い間、半公認の立場に置かれてきた。警察や社会から半ば存在を認められ、半ば存在を否定されてきた歴史がある。発生的にもヤクザは世間に知られてナンボの「男を売り出す」稼業である。警察や社会に知られることの危険に鈍感というより、むしろ知られることを望んできた。メンバーのデータの垂れ流しという現状にはそれなりの前史がある。

暴力団の定義は現行の暴力団対策法（暴力団員による不当な行為の防止等に関する法律）によれば、

「その団体の構成員が集団的に又は常習的に暴力的不法行為等を行うことを助長するおそれがある団体をいう」（第二条二項）

である。

二〇一二年前後、大阪のアマチュア格闘技団体「強者《つわもの》」が大阪府警から「半グレ集団」と呼ばれたことがあった。彼らは大阪ミナミの繁華街でみかじめ料を徴収し、通行人に暴行を加えたりしていた。

先の定義を当てはめれば、彼らも暴力団の定義にかないそうであり、暴力団と認定されかねない。事実、警察庁は二〇一三年、それまで有象無象《うぞうむぞう》の集団として放置してきた元暴走族の半グレ集団「関東連合」や「怒羅権《ドラゴン》」を新しく「準暴力団」と規定し、遅ればせながらその実態解明に乗り出した。

擬制的家族関係の崩壊

暴力団と半グレ集団がやっていることはたいして変わりないといえばそれまでだが、暴力団を特徴づけるものに「親分―子分」関係がある。暴対法の第三条三項に、「当該暴力団を代表する者又はその運営を支配する地位にある者の統制の下に階層的に構成されている団体であること」

という規定がある。

ここにいう「階層的」とはどういう意味なのか。暴力団は親分を頂点とした数次に及ぶピラミッド型の組織を構成し、構成員各自の身分と役割は上下の身分関係によって決まる。つまり親分―子分、兄貴分―舎弟など、家父長制を模した擬制的血縁関係の構築がその特徴であり、これは他の半グレ集団などにはない。半グレ集団の多くは先輩―後輩関係を基本として、親分―子分関係を古めかしく、うざったいものとして敬遠している。

つまり暴力団は擬制血縁関係という他の集団には見られないメンバー間の関係を持つ点でも独自性があり、他の集団に比べて紛れようがない組織である。この擬制血縁性もまた暴力団を目立たせ、取り締まり当局の捜査や介入を招きやすくしている。

このような流れの中で暴力団は時代錯誤の存在になった。それに伴い、暴力団に流入する資金量も激減し、反社勢力全体に対する影響力も低下した。他の反社グループに対してもカネや仕事を投げてやらなければ、親分風を吹かせられないことは容易に察せられる。暴力団は鷹揚に振る舞いたくても、ない袖は振れない状態を続けている。

反社勢力に起きている地殻変動は単に暴力団の退潮に原因があるばかりではなく、半グレ集団の急激な台頭も要因の一つである。

特殊詐欺はもっぱら半グレ集団が営むシノギだが、二〇一四年の被害総額は五五九億円余と過去最悪を更新し、同年における全財産犯の現金被害額約一一三〇億円の四九・五％を占めるに至った。社会が受ける被害はおそらく暴力団より半グレによるものの方が多くなったと推察される。暴力団は犯罪の面でも明らかにウェイトを低めている。

減少するヤクザ

本書の初版は二〇一一年四月、『ヤクザ崩壊　侵食される六代目山口組』という題名で講談社から刊行された。刊行時、筆者は以下に挙げるような「まえがき」を書いた。

この「まえがき」の見立てがおおむね正しかったことは、その後の社会情勢の推移が示しているように思われる。むしろ事態の変化は筆者の予想さえ超えて素早く進んでいる。

たとえば暴力団総数の変化である。警察庁の『平成26年の暴力団情勢』によれば、二〇一四年末の暴力団構成員等（構成員と準構成員の合計）の数は五万三五〇〇人。

五年連続で暴力団対策法施行後の最少人数を更新した。うち、構成員（要するに組員）の数は二万二三〇〇人で、前年比三三〇〇人の減少。九年連続で人数が減り続け、毎年、それまでの最少人数を記録している。早い話、二五年前の一九九一年に六万三八〇〇人もいた暴力団の構成員が今ではおおよそ三分の一、二万二三〇〇人にまで縮んだ。

人数の減少に伴い、彼らが暗躍する局面も減少した。暴力団同士が争う抗争はほぼ影をひそめ、ヤミ金や危険ドラッグの被害額の多さで報じられるのは暴力団ならぬ半グレ集団の犯行の方である。

二〇一一年に記した「まえがき」にはほとんど訂正すべきところがないと思う。

日本国民の多くはおそらく暴力団はなくならないと思っているはずだ。暴力団は必要悪だ、社会を回していくために必要なシステムだ、と考える人もいるだろうし、肝心の警察が暴力団と持ちつ持たれつなんだから、暴力団がなくなるわけがないと信じている人もいるにちがいない。

日本の代表的な暴力団は山口組といっていい。山口組に関するかぎり今、存亡の危機にあると、筆者は見ている。暴力団組員二人のうち一人は山口組の組員といっていいほど、山口組は多数派だが、このところそういう山口組の屋台骨がぐらついてきた。

一つは警察庁の号令の下、全国の警察が容赦なく山口組に襲いかかっているからだ。もう一つは暴力団に籍を置かない半グレマフィアたちが暴力団の足下を突き崩しているからだ。

この辺りの詳細は本文を見ていただくことにして、ここでは大ざっぱな見取り図を示しておきたい。

まず踏まえておきたいのは、暴力団には警察にお目こぼしされる暴力団と、憎まれ、いたぶられる暴力団とがあるという事実である。山口組、とりわけ山口組をリードする弘道会（本部・名古屋）は警察に嫌われ、憎まれている。弘道会に過激派的な一面があるからだ。

弘道会では調査専門の組員がいて尾行するのか、刑事の車や自宅、家族構成などを調べ、必要の都度、そうした情報を組員に知らせる。たとえば組員Aが逮捕されたとして、取り調べの最中にAはそれら私的な情報を臭わせて、刑事を牽制《けんせい》しようとする。

「お子さん、まだ幼稚園なんですね。あそこは結構お金がかかるでしょ」

警察官も人の子である。組員が吐くこうした言葉をやはり不気味に感じる。

ときには検事や裁判官に対してさえ、同じような手口で脅す。

組員が警察に逮捕され、自供するよう暴力を振るわれれば、即座に警官や自治体を相手取って損害賠償を求める裁判も起こす。現に弘道会は慰謝料二〇万円、弁護士費用一〇万円と少額だが、大阪府警から三〇万円をもぎ取っている（二〇一〇年四月二三日、大阪高裁は大阪府の控訴を棄却、五月一〇日大阪府は敗訴を確定し、利子を含め三五万一五七五円を弘道会系の組幹部に支払った）。

弘道会は取り調べに関するかぎり、警察と取り引きしない。つまり貸し借りの関係をつくらないから、弘道会が勝てると思えば、いつでも警察に突きを入れる。

警察はこれを憎たらしく思うし、弘道会の警察を物ともしない気風が山口組全体に広がれば脅威だという危機感を持っている。だから安藤隆春・警察庁長官

（当時）自ら、弘道会への徹底摘発を号令したのだ。

警察の考えでは、暴力団にはヤクザ型とマフィア型の二種がある。ヤクザ型は住吉会や稲川会であり、これらは警察と話し合うことも、折れ合うことも知っている大人の団体である。警察が組のトップに犯人を出せと命じれば、実行犯の組員を自首させるかもしれない柔軟性を持っている（最近は首都圏の暴力団もなかなか配下の組員を自首させなくなったのだが）。だから警察は関東の暴力団がかわいく、彼らを手なずけていると考えている。

対して山口組、とりわけ弘道会はマフィア型団体であり、警察の権威を認めず、何かと楯突いて憎たらしい。弘道会は警察の捜査で事件がめくれないかぎり、犯人を隠し続けるし、実行犯が逮捕されたところで、可能なかぎり知らぬ存ぜぬを通せと組員を指導している。弘道会の考えでは本来、組員は完全黙秘を貫くべきで、自供してはならない。まして誰に命じられて自分が犯行に及んだか、指揮命令系統などを自供しようものなら、出所後、その者の命さえ奪いかねない。弘道会は弁護士を通じて警察官調書や検面調書を取り寄せ、組員がどう供述したか、徹底的に調べ上げるのだ。

警察がハッキリ意識しているかどうかは疑わしいが、おおよそ警察は暴力団について、こうした二種に分類されると考えているフシがある。

事実、山口組もマフィア化というか、地下に潜る準備を始めている。二〇〇九年九月ごろから山口組の代紋（マーク）入り名刺の使用を傘下《さんか》の系列組織に禁じ始めたのだ。

これまでは名刺には代紋を入れた上、「六代目山口組　〇〇組若頭補佐　誰野某」などと記した名刺を使用させていた。だが、これからは山菱の代紋入りで、六代目山口組と記せるのは山口組本家に属する直系組長だけに限る。それ以下、傘下団体の組員は単に〇〇組として、山口組の名は記すなという通達である。

直系組の幹部が解説する。

「各直系組では代紋入り名刺の回収を進めてます。ブロックごとに集めて廃棄する。要するに下の者が騒ぎを起こして上の者が使用者責任を問われるにしろ、〇〇組の組長だけ責任を負う。それ以上に座る組長、とりわけ六代目山口組組長に累を及ぼすなという命令です。各直系組傘下の組員が山口組を名乗ってはいけない。山口組系だと分かるような名刺を使ってもいけないんです」

つまり山口組と名乗れるのは山口組本家に属する八五人（二〇一五年五月現在、さらに減少して七二人）ほどの直系組長に限られる。彼らがどのような団体を率いて、誰を子分や舎弟にしているかは水面下に隠す。

考えれば珍しい発想である。ふつうは下の組織をあらわにして中枢部を隠すのだろうが、山口組は下を隠して中枢部との関係を不透明にし、中枢部は表面に出すというのだ。

こんなことではマフィア化もないだろうと考えるが、山口組ではマフィア化にも自信を持っているらしい。いつでも中枢部も下部組織と同じように隠せるというのだ。

直系組長の側近が言う。

「山口組本部では月に一度、直系組長たちを神戸市灘区の本部に集め、定例会を開いている。毎回三〇分と時間をかけず、即、お開きになっていることはご存じと思う。

なぜこんなことができるのか。定例会には特別な伝達事項がなく、伝達は地域、地域のブロック会議で済ましているからだ。すでに定例会は直系組長たちが顔を見せ合うことに意義がある形式ともいえるわけで、いざとなれば本部での定例会はもちろん、ブロック会議だってカットできる。

今は意思の伝達手段がいくらでもある。電話、ファックス、携帯、電子メール、暗号化、なんだって使える。だから本部やブロック会議が水面下に沈んでも、中央集権による組織コントロールは可能だ。山口組がマフィアをやれないと考える方が逆にどうかしている」

「マフィア化」はなんとなく分かる気がするが、人によってどうとでも取れる言葉にちがいない。が、今は組織とメンバーの匿名化、秘密化、より犯罪性の強い犯罪への移行といった程度に考えておこう。

つまり警察の見方だが、暴力団にはヤクザ型とマフィア型の二種があるとする。マフィア型の暴力団はよりマフィア化を強めて、ほんとのマフィアになるかもしれない。そしてマフィア化するのはこうした暴力団経由と、最初から暴力団には関係のない半グレ集団の二つがあると、筆者は考えている。

そこで半グレ集団とはどういうものか、何をしているのか、メンバーはどのような者たちかなどについて、解明するのが本書のテーマである。

半グレ集団は強い。やがては暴力団系マフィアも、暴力団そのものをも、侵食していくだろうと筆者は読む。マフィアに暴力団由来と半グレ由来があるとして、どちらがマフィアとして成功するかといえば、半グレマフィアにちがいない。

大体、山口組のような巨大組織はマフィアに徹しきれない。個々のメンバーはすべて組員時代、警察に個人データを把握されている。生年月日、姓名、住所、経歴、指紋、顔写真、前科・前歴、主たる子分、舎弟、資金源獲得の手段、場合によっては情婦の住所、姓名、生年月日まで、すべて電子的なアーカイブに保管されて、いつでも参照可能である。

おまけに暴力団から引退した形を採っても警察は五年間、法的に元暴力団幹部として扱うし、実際にはその者が死ぬまで暴力団扱いを止めない。一度、暴力団と烙印《らくいん》を押されたなら、一生データの見直しはないのだ。そういう人間がなぜアングラ社会で棲息できるのか。

対して半グレたちの大半が最初から暴力団の組員になることを避け、暴力団に籍を置かなかったから、警察は彼らについてのデータを持っていない（一部、組員経由の半グレがいることはいるのだが）。警察には半グレが暴力団も眉をしかめる、えぐい犯罪に手を染めるという認識もなく、まだ半グレ集団、半グレマフィアというグループ分けさえ確立していない。

半グレたちは表面、堅気《かたぎ》の人間として、虫も殺さない顔で高齢者から老後を養うカネを奪い、貧しい者や弱者、女性などを食い物にする。本書では道義的な判断をしないが、暴力団と比べて、どちらが道義的に劣るか、に答えることは難しい。言えることは組織犯罪集団として、現代に適っているのは暴力団ではなく、明らかに半グレ集団だという一事である。反社会的組織の世界でも主人公が交代しようとしている。暴力団は必ずしも永遠の存在ではなかったのだ。

この「まえがき」は反社勢力の帰趨について大摑みな認識を示している。その後、反社の間で発生したいくつかの事件もそれを裏づけるはずだ。

キャバクラ襲撃事件

二〇一一年一二月、東京・六本木のキャバクラで暴力団＋半グレ混合グループによる暴力団襲撃事件が発生した。約二〇人ほどの混合グループが深夜二時過ぎ、キャバクラに押し掛け、店内にいた山口組直系落合金町連合の幹部ら四人をビール瓶で殴るなど暴行を加え、素早く逃走した。

殴られた落合金町連合の幹部は意識不明の重体、残り三人も頭などに重軽傷を負った。被害側は山口組直系落合金町連合の三人と山口組直系極心連合会の破門された元組員一人だった。加害側は住吉会系幸平《こうへい》一家——義勇会と半グレ集団の混合グループだった。

落合金町連合は、一一年一〇月、山口組直系國粋会の若頭をつとめた落合一家・佐藤光男総長が内部昇格の形で山口組の直参（直系組長）に抜擢され、新たに落合金町連合として分派独立した。つまり東京の山口組直系組織はそれまで國粋会だけだったが、ここにもう一つ、落合金町連合が加わった。落合金町連合は金町一家、保科一家、落合一家、草野一家ほか十数団体で構成され、都内や近県に縄張りを持つ潜在力の大きな組織である。組内ナンバーツーの若頭には保科努・保科一家総長が就いたが、この保科一家が難に遭った。

他方、住吉会系幸平一家（加藤英幸総長、住吉会渉外委員長＝当時＝）は山口組さえその戦闘力に一目置く組織で、傘下には新宿や東中野などを仕切る堺組や歌舞伎町を仕切る加藤連合会、義勇会などがあり、これらは関東連合や怒羅権など暴走族ＯＢも一部、組員に組み入れている。

加害の住吉会側は事件が起きた直後、早々に和解を持ち掛けたが、被害の山口組側は重体の者が生きるか死ぬか分からない段階で手打ちなどできるか、と和解話を蹴ったと伝えられる。

抗争より喧嘩

この事件で興味深いのは襲撃方法だろう。多数が大挙して、最初から拳銃や刃物などを持たずに押しかけ、手近のビール瓶などで暴行を加えるという戦法は明らかに暴力団の抗争というより、暴走族や半グレ集団の喧嘩作法といえる。

落合金町連合としては、こういう戦法にどう対したらいいのか、判断に苦しんだにちがいない。暴排条例が施行された都内で、拳銃を利用する抗争は難しい。ビール瓶なら殺意はなかったと弁明できるし、組に加入していない半グレなら暴対法も暴排条例も適用されず、逮捕されても有利に扱われる。半グレ集団の活用に踏み切った住吉会側が「技あり」だったのかもしれない。

発生から一週間後、早くも両派は手打ちをした。被害に遭った山口組直系落合金町連合の保科一家はボコボコにされた四人のうち一人が脳挫傷で生死の境をさまよったが、とりあえず一命はとりとめた。死ななかったことで手打ちを受け入れたと伝えられる。

加害の住吉会幸平一家と関東連合OB側が被害の山口組側に差し出した補償額（見舞金）がいくらかは諸説あるが、一説に幸平一家が二〇〇〇万円、暴行に加わった元暴走族OBが五〇〇万円、計二五〇〇万円とされる。

事件の素早い和解に、当時、警視庁の捜査関係者が心外そうに感想を洩らしていた。

「キャバクラに乱入して落合金町連合をボコボコにした二〇人のうち一三人までは特定していた。捜査本部を立ち上げ、これから摘発にかかろうというとき、手打ちされるとは拍子抜けだ。おまけに和解金二五〇〇万円がほんとの話なら、幸平一家と半グレ集団連合軍のやりどく、落合金町連合のやられ損だ。最低五〇〇〇万円は固いと予想していたから、なんで急いで手打ちなんだと思う」

警視庁としては年末に発生したこの事件で暮れも正月もないと手ぐすね引いていたところ、あっさり和解となって、ガックリ来たのだろう。というのは、事件を半グレ集団の実態を解明するチャンスと踏んでいたからだ。

暴力団にひけをとらない半グレ

警視庁情報に通じる法曹関係者が説明する。

「六本木のビール瓶殴打事件を担当するのは普通の刑事課では無理で、やはり暴力団担当の組織犯罪対策課が乗り出すべきだろう。

だが、関東連合や怒羅権OBなど半グレ集団は今のままでは暴力団対策法に引っかからない。そのため彼らのデータを集めて、なんとか暴力団対策法を適用できないか検討中だった。関東連合や怒羅権のOB連中は有利と見れば、どこにでもくっつく。住吉会ばかりか、稲川会にも山口組にも籍を置く奴がいる。で、警視庁は関東連合OBを山口組系の流れを汲む組織と認定できないか、研究していた。

ところが山口組に近い連中は本体の山口組同様、警察に警戒的で、なかなかケツ持ち（後見役）は山口組とか、吐かない。おまけにこの事件では住吉会といい仲で、むしろ山口組に敵対したことを明らかにした」

つまり警視庁は思惑が外れた上、早々の手打ちで力の入れどころがなかった（もっとも翌一二年一二月、警視庁は怒羅権の元リーダーで住吉会系の組員の男ら四人を傷害罪容疑で指名手配した）。しかし半グレ集団を暴対法で、という方針そのものが無理ともいえる。半グレを知能暴力集団と位置づけた上、暴対法を「反社（反社会的勢力）対策法」に組み替えるぐらいでないと、依然「打つ手なし」のままになる。

この事件は反社勢力について、いくつかのことを示唆している。すなわち半グレの一部は暴力団と組んでいる、半グレ出身の暴力団組員もいる、半グレは暴力団と暴力的に争っても攻撃的であり得る、決してひけは取らない……といったことである。衆目のある屋内の喧嘩において、より攻撃的になり得るのは半グレであって、暴力団の組員ではない。なぜなら逮捕された後の処遇が半グレに有利であって、暴力団の組員に不利だからだ。暴力団側もこの辺りに着目し、暴力要員として半グレを起用したのかもしれない。

六本木人違い惨殺事件

二〇一二年九月、六本木クラブ襲撃事件が起きた。この事件も前の事件と同様、袋叩き状態では半グレが有利という状況に悪のりしすぎた結果といえるかもしれない。

九月二日未明、東京・六本木のクラブ「フラワー」で中野区に住む飲食店経営者(事件時三一歳)が目出し帽などをかぶり、金属バットを持って店内に乱入した一〇人ほどのグループに袋叩きにされ、殺された。事件は人違い殺人で、主犯格は元関東連合幹部の見立真一(同三三歳)だった。見立は事件後、海外に逃亡した。

この事件では一八人が逮捕され、一五人が凶器準備集合罪で起訴された。うち九人は傷害致死罪で起訴され、一審では懲役八年〜一五年までの刑が判決された。

なぜ人違い殺人が起きたのか。事件から四年前、東京・西新宿五丁目の路上で韓国食材会社の社員・関東連合と親しかった金剛弘（当時三二歳、通称は金村）が五、六人の男から金属バットのようなもので殴られ、五日後脳挫傷で死亡した。

どのようなグループの犯行か、事件は今なお未解明だが、見立ら関東連合ＯＢはＫ兄弟の兄の犯行として報復を誓った。Ｋ兄弟は一九八〇年前後、新宿、渋谷、世田谷あたりの不良を束ねていたという。このＫ兄弟の弟とたまたま外見が似ていたため、フラワーで人違いされた飲食店経営者が殺された。クラブの店員がＫ弟と被害者を見まちがえ、元関東連合ＯＢの石元太一（同三一歳）に電話し、石元が見立にその旨報告したことで、人違い集団殺害事件が引き起こされたとされる。

事件は関東連合ＯＢたちの兇暴さを喧伝することになったが、同時に関東連合ＯＢたちの命運を尽きさせた。見立真一に準じる幹部が事件後、匿名で告発書を書いたこともあり、四分五裂状態になって、「関東連合」を名乗る集団は実質的に機能しなくなったのだ。

恐るべきは半グレのシノギ

「関東連合」は半グレ集団の代表と目されてきたが、実は半グレ集団を恐れなければならないのは彼らが行う殺し合いではなく、経済犯罪であり、経済犯罪を秘密裏に匿名で行う半グレが無数に生まれている。彼らは暴走族の出身でさえなく、たまたま半グレ稼業に紛れ込んだ一般人から成る集団である。ヤミ金や振り込め詐欺、パチンコ攻略法詐欺、新規上場株詐欺、出会い系サイトやペニーオークションへの誘い込みなど、彼らは若者から高齢者まで広範な層のカネを奪っている。半グレの怖さは粗暴さにあるのではなく、経済犯罪を敢行する悪知恵にある。

他方、暴力団の代表というべき山口組では若頭・髙山清司が二〇一三年三月、京都の同和系建設業者から四〇〇〇万円を恐喝したとして、京都地裁で懲役六年の判決を言い渡された。髙山は控訴したが、一四年二月、大阪高裁は一審の京都地裁判決を支持し、髙山の控訴を棄却した。髙山は一度は最高裁に上告したが、同年五月、上告を取り下げ、自ら刑を確定、同年一二月に東京・府中刑務所に収監された。

服役に先立つ一三年、髙山は服役に備えるためか、自らは弘道会の総裁に上って、弘道会の若頭だった竹内照明《てるあき》を弘道会三代目会長に据えた。竹内は直系組長の一人として山口組本家に上がり、一五年四月には若頭補佐の一人に引き立てられた。いずれは竹内を山口組の若頭に据える布石と見られる。

つまり司忍《つかさしのぶ》─髙山清司─竹内照明と、三代にわたって弘道会出身者が山口組を支配する路線の実践である。山口組は弘道会のための山口組に変質したが、山口組内に不満の声はあっても、公然と反対派を結集できる状態にはない。もちろん組員数の減少は山口組でも例外ではなく、主流派の弘道会でさえ組員数を減らしている。

山口組が暴力団世界の盟主であることは以前に変わらないが、いわば構造不況業種だから、牛耳ったところでたいした成果は期待できない。主流、反主流を問わず、仮死状態に入らざるを得ない事情がある。

さらなる打撃は工藤會事件

また警察庁は一時期、山口組ないし弘道会をマフィア的団体と見立てたが、髙山若頭の有罪判決以降、そうした覇気も反骨も失われた。反警察的団体は北九州市に盤踞《ばんきょ》する工藤會が代表するようになったが、その工藤會も警察庁や福岡県警の猛攻撃を受け、存続さえ危ぶまれる状態に立ち至っている。

福岡県警は二〇一五年五月、工藤會総裁・野村悟（事件時六八歳）を所得税法違反容疑で逮捕した。工藤會も他の暴力団と同様、傘下組員から月々（組の運営）会費を集めている。この月会費は暴力団側の説明によれば、組事務所の賃借料や慶弔交際費、水道光熱費、電話代など、組の運営や交際に使われるという。

要するに同好会や趣味の会、ファン・クラブなどと同じく法人格を持たない任意団体の、収益を目的としない会費収入だから、当然課税対象になるはずがないという立場なのだ。

だが、警察庁は長らくこの月会費を「上納金」と呼びならわしてきた。「月会費の全額とは言わない。その一部が組織のトップに渡って、トップの所得になっているはず」と疑惑視してきた。だが、とはいえ課税は今回の工藤會が初めてになる。月会費のどの程度がトップに渡っているか、定量できなかったからだ。

警察庁の見方には多少とも妥当性があった。たとえば山口組の直系組長たちはおおよそ月一〇〇万円の会費を各自納めている。現在でこそ直系組長数は七〇人ほどだが、最盛期には一二〇人からの直系組長がいた。つまり山口組本家には一〇〇万円×一二〇人で月額およそ一億二〇〇〇万円の現金が転がり込んできた。年にすれば約一四億円である。

「一四億円ものカネが組の運営だけに消えるはずがない。絶対、その中の大きな部分がトップの司忍組長に渡っているはず」という観測が行われてきたのだ。

だが、暴力団にしっくり来る「上納金」とは、たとえば直系組長などがヤミ金の経営などで巨額を稼ぎ、上の者にお上手すれば、自分も若頭補佐になれるかもしれないといった思惑から上に運ぶカネを指す。暴力団はこの手のカネを「上納金」といってきたが、今やシノギの疲弊から月会費の一部もまた含めるべきかもしれない。

工藤會では月に約二〇〇〇万円の会費が集められ、その四分の一、約五〇〇万円が野村総裁側に渡されていたという（年額では六〇〇〇万円）。一昨年までの四年間に二億二〇〇〇万円が渡り、およそ八八〇〇万円を脱税したとして今回の逮捕になったわけだが、工藤會は経理がしっかりしていることで知られる。

なまじ丼《どんぶり》勘定を嫌った咎めで警察に経理の詳細を掴まれたわけだが、今後、この

「上納金」摘発法は他の暴力団にも及ぶだろう。暴力団組織は末端組員ばかりか、トップへのカネの入りまで上納金への着眼で締めつけられ、上から下まで乾いた雑巾にされようとしている。

早晩、暴力団という日本に特異的な組織犯罪集団は息の根を止められ、諸外国と同様、半グレという単なる組織犯罪グループが犯罪のメインストリームになるにちがいない。もはや反社会的勢力に暴力団のような盟主は必要ないわけだろう。

新装版　ヤクザ崩壊　半グレ勃興——地殻変動する日本組織犯罪地図◉目次

第一章　六本木の半グレ集団

第二章　半グレ集団とは何か

第三章　暴力団の現状

第四章　半グレ集団のシノギ――原点にヤミ金があった

第五章 振り込め詐欺——技術進化する半グレ集団

第九章　特殊日本型ヤクザの終焉

第十章　警察と半グレ集団が暴力団に代わる日

新装版　ヤクザ崩壊　半グレ勃興

――地殻変動する日本組織犯罪地図

第一章　六本木の半グレ集団

現れだした恐怖の集団

東京・六本木の半グレ集団（詳細は後述）が世間に注目されるきっかけとなったのは、二〇一〇年一月に発生した朝青龍《あさしょうりゅう》暴行事件と、同年一一月に発生した市川海老蔵《いちかわえびぞう》殴打事件だった。両事件とも被害者や加害者として暴走族「関東連合」のOBがいた。

「関東連合」は東京圏を中心にする暴走族グループ「ブラックエンペラー」や「宮前愚連隊」「鬼面党」などの連合体で、一説に一九七五年に結成されたという。二〇〇〇年五月、東京都大田区ですし店の店員ら一一人を対立グループのメンバーと誤認して襲撃し、店員を一人死亡させた事件（トーヨーボール事件）で関東連合は大量逮捕を招き、主だつ者が服役した。直後に関東連合は解散式を行った。

よって関東連合はすでに存在せず、単に関東連合のOBだけがいるとする説が有力である（これに反し、関東連合のメンバーの多くは住吉会幸平一家、山口組系山健組、名古屋手羽先乃会などに所属し、暴力団構成員だとする説があるが、一部に暴力団に籍を置くOBがいると見た方が正確である）。

以下、六本木における関東連合OBの表層的な動向を記す。半グレ集団とはどのようなグループかは第二章で触れるが、とりあえず彼らの動きを通して、グループがどのように作動しているか、メンバー間のコミュニケーションがどのように行われているか、感覚的に摑めるはずである。

関東連合OBは半グレ集団としては合法的な経済活動に従うことが多く、シノギ（商売）の面では必ずしも典型的な半グレ・グループではない。だが、内部に犯罪的なシノギに従う者も抱えており、それらは表層のハデな動きに隠れ、浮上して来ないだけと解される。

フィクサーの見立て

まず朝青龍暴行事件、海老蔵殴打事件がどのようなものだったか、記憶を新たにするため、事件の概略を記そう。

朝青龍は場所中の二〇一〇年一月一六日午前四時半過ぎ、泥酔して東京・西麻布の路上で連れの男ともみ合いになり、場所後に日本相撲協会の武蔵川理事長（当時）から厳重注意を受けた。

被害者と称するK・Tは六本木の外人クラブ「F」のオーナー代理で、2000年まで関東連合OBたちのまとめ役だったとされる。K・Tは警察に被害届を出さなかったが、朝青龍が謝罪しないと言って、麻布署まで被害相談に出向いたりしている。

朝青龍は二月四日、日本相撲協会の理事会で事情聴取を受けた後、騒ぎの責任を取る形で結局同日、現役力士を引退すると表明した。

以前から朝青龍と交際があるフィクサーの朝堂院大覚《ちょうどういんだいかく》（本名は松浦良右《りょうすけ》、ナミレイの元会長）は一月二六日、朝青龍と彼の個人マネジャーらが新橋の朝堂院事務所を訪ねてきたと明言する。前記のK・Tから示談金三〇〇〇万円を要求されている、どうしたものかという相談だった。

朝堂院はまず朝青龍側の言い分を質《ただ》した。

「私は被害者とされるK・Tとも面識がある。もともと若いころ関東連合の一派、上町小次郎を復活させている。六本木じゃちょっとした顔だ。朝青龍は一種の『当たり屋』かもしれないと言っていた。K・Tが詰めている六本木の『F』についても、とかくの噂がある。店の中でシャブまがいのドラッグがやり取りされているといった噂が流れ、〇九年の押尾学や酒井法子の薬物事件でも一時期警察が同店を嗅ぎ回っていた」

K・Tは早い時期に「関東連合」に在籍し、九六年から前記の見立真一、後にAV監督になる松嶋クロス、実在の人物と錯覚するような筆名を使って自伝本を書いた柴田大輔、市川海老蔵暴行事件で知られる石元太一などを連れ回し、渋谷、六本木などへの先導役を果たした。

得をしたのは誰か

朝青龍側の言い分によると、一月一六日の事件の経緯は次のようになるらしい。

〈朝青龍は最初「F」で飲んでいたが、K・Tが不愉快になり、飲み場所を替えようと店を出た。するとK・Tが俺も行くといって、朝青龍の車にむりやり乗り込んできた。車内で朝青龍が振り返ったとき、たまたま手がK・Tの口の辺りに当たった。これでK・Tは朝青龍に殴られ、鼻の骨を折ったと騒ぎ立てることになる。

西麻布に着いたら、とたんにK・Tが車を飛び出して大声で騒ぎ立てた。その場にパトカーが来、麻布署の警官が騒ぎに立ち会ったのは事実だ〉

朝青龍側は見舞金一〇〇〇万円で示談にしてほしいとK・Tに申し入れたが、K・Tは三〇〇〇万円を主張し、両者の話し合いはこじれた。この間、K・Tサイドから話が広まり、山口組系や稲川会系の者たちが「俺に仲介・調停させろ」と示談交渉に乗り出してきた。K・Tにすれば、どこに仲介させるか、オークション状態になったという。

以上はあくまでも朝青龍側の言い分である。これに対し朝堂院は朝青龍にアドバイスした。

「そういうことならK・Tにカネを払う必要はない。K・Tはマスコミや警察、ヤクザを使ってあんたに揺さぶりを掛けているだけだ。揺さぶりが行き過ぎてあんたが引退するハメになったら、K・Tはアブ蜂取らずになる。だから彼は麻布署に診断書のコピーを持参しても、肝心の被害届は出さない。警察もK・Tのいかがわしさについては十分承知しているはずだ」

その上で、朝堂院は麻布署の知り合いに電話を入れた。

「警察がK・Tに利用されるようでは本末転倒だろう。事件を調べるなら、予断を排して慎重に調べるべきだ。被害者と言い張るK・Tが実は加害者だったってこともあり得るんだ」

だが、朝青龍の個人マネジャーは朝堂院事務所を出て、一時間もしないうちに「せっかくアドバイスを頂きながら申し訳ありません。どうしても先方と示談にしなければならなくなったんです」と電話してきたという。

事実一月二九日、朝青龍側は一説に二〇〇〇万円という示談金をK・Tに支払い、あげく二月四日、引退という詰め腹を切らされる。朝青龍は踏んだり蹴ったり、二重に債務を払った上、横綱の座を棒に振った。

示談金の支払いは自分の非を認め、相手側の被害を自分の罪と認めることを意味する。示談金を支払った後、自分に非はないと主張することはできない。

朝青龍の引退は日本の相撲界にとってはマイナスである。彼の強さと悪たれぶりは大相撲人気を支える大きな要素だった。

K・Tにとっても朝青龍の引退はマイナスのはずである。朝青龍を揺さぶっての放《ほう》逐《ちく》は「F」の客を減少させ、今後、朝青龍という顧客と金づるを失うことを意味する。朝青龍のマイナスは言うまでもない。

新たな証言

事実、K・T本人が語る事件の推移は次のようになる。

朝青龍は以前からときどき「F」に顔を出す馴染み客で、来れば必ず仲間だけで籠もれるカラオケルームに入った。他の客の目を遮れるからだ。

この日、朝青龍は取り巻きの事業家と一緒だったが、なぜか荒れ模様だった。K・Tはそれとなくカラオケルームに注意を払っていた。そのうち朝青龍は「次の店に移る」と言い出した。K・Tは店前の道路まで見送りに出た。朝青龍は外に出ても大声を出し、近所迷惑になりかねなかった。K・Tは「横綱、まずいですよ」とたしなめた。と、朝青龍は「うるせえ、この野郎」と突き飛ばした。K・Tが「横綱、いくらなんでもうまくないでしょ」と言うと、「いいから、お前も車に乗れ」と言った。

「分かったよ」とK・Tが言って乗り込むと、朝青龍はすかさず手の甲でK・Tの顔に裏拳を食わした。K・Tは一瞬、意識が飛びそうになった。横綱のスナップはそれほど強烈である。朝青龍は「このままお前を多摩川に連れて行って埋めてやるからな」と言い出した。

朝青龍の車は裏通りを抜けて西麻布交差点近くの路地を通った。と、警察のパトカーが停まり、警察官が5人ぐらい事故処理か何かで屯《たむろ》していた。車はパトカーの脇を徐行した。K・Tは今だと思い、ドアを開け、車外に飛び出た。

「助けて下さい。殺される」

K・Tが大仰に騒ぎ立てたから、朝青龍も慌て車外に出、「この野郎、戻ってこい」と怒鳴った。が、K・Tとしては戻って、また殴られたくはない。警官に事情を申し立て、朝青龍と一緒に麻布警察に行こうと主張した。だが、朝青龍は横綱の自分が出向けばタダですまないと察知したのだろう。K・Tだけを行かせて、自分は寝に帰った。

K・Tは警察に行き、被害を申し立てたが、さすがに被害届けは出さなかった。出せば、もう後戻りができなくなる。K・Tには最初から朝青龍を潰す気がなかった。暴力を振るわれて腹が立っただけであり、朝青龍が謝れば穏便に済ませるつもりだった。が、念のため警察を出てから病院に行き、自分の負傷の診断書は取った。

騒ぎはニュースとなって全国に伝えられた。ニュースに接して、暴力団やフィクサーが最初に考えたことは、朝青龍とK・Tとの間の調停に成功すれば、間違いなくカネになるという一事である。

が、K・Tは外の動きに取り合わず朝青龍からの反応をひたすら待った。慰謝料や示談金をつり上げる気持ちは毛ほどもなかった。ただ暴行を受けた側が暴行を働いた側に働き掛けるのは筋が通らない。暴行を働いた側が暴行された側に「勘弁してくれ」と頭を下げてくるのが世の常識だろうと考えていた。

「麻布署はもちろん暴力団排除の線です。ぼくも暴力団を入れて朝青龍側と話をするなど論外と思っていた。とすれば、朝青龍側の弁護士と話をするしかない。ところがまだ場所中でもあり、向こうの弁護士もマネジャーもやって来ない。ぼくの周りはメディアが張り込んで、家に帰ることもできない。ぼくは被害届けを抱えてじっと待っていた。

二週間後、朝青龍のタニマチがやって来た。朝青龍は被害者から示談書をもらわないと、力士をクビになるかもしれないとメディアが報じ始めたから、やって来ただけの話でしょう。タニマチが『今回はすみませんでしたな』と謝ったのはいい。だけど、その後が悪く、要するに『わしはこんなに偉い人だ。芸能プロダクションも持っている。わしといい関係を築ければ、あんたにも得になる』という論法で来たから、これはお話にならない。帰ってもらいました。

朝青龍はその後、二度ほど得体の知れない人間を出してきた。いろいろやり取りはあったけど、結局、向こうの弁護士事務所で朝青龍のマネジャーに会うことになった。しかし、このマネジャーというのがどっかの親方の倅《せがれ》とかで、三〇歳ぐらいのボンボン、何も分かっていなかった。

横綱が素人にあそこまで手を出した。ウソをついて騒ぎをかえって大きくした。一五〇〇万円ぐらいもらっても割に合わない話だけど、ぼくは『横綱には何もやられてません』とウソの示談書でも書いて、ぼく自身が日本から消えてもいいとまで思っていた。そういうと、マネジャーが『いや、相撲協会と話がついてますから、そこまで書いていただくなくて結構です』という。タニマチも喜んで、『協会と話ついてますから、いいですよ』と笑っている。それでありきたりの形で示談書を書いて渡した。

そしたら弁護士が次の日、慌てて飛んできて『協会には朝青龍関を辞めさせたいと考えている人間がいる。ぜひ朝青龍には何もやられていないと書いて下さい』と言い出した。新聞にはぼくが何もやられていないと示談書に書いたという記事が出ている。マネジャーが苦し紛れにウソの情報をリークした。ぼくは『なぜ昨日のうちに言わないの。新聞に出てしまったから、なおさら書きづらい。一日考えさせて下さい』といったが、結局『すでに社会的に朝青龍は罰を受けている。朝青龍を許してやってほしい』という示談書を書いて渡した」

朝堂院大覚が言う。

「朝青龍が酒を飲んで騒ぎを起こした。しかし場所中、酒を飲んではならないという内規は日本相撲協会にはない。場所中は外出禁止とか、何時までに帰宅せよとかいう門限があるのか。そんなもの、ありはしない。

相撲取りが夜、タニマチから接待を受けるのは長く続いている伝統で、全ての親方がやってきたことだ。にもかかわらず酒を飲み、周りの人間と小競り合《こぜ　あ》いを起こしたからと、相撲協会は朝青龍を引退にまで追い込んだ。もとをただせば、酒の上の小さな間違いにすぎない。

協会の理事会も朝青龍事件をまともに調査していない。朝青龍がK・Tを殴ったのか、殴らなかったのか。麻布署が事件を調べたのか、調べていないのか。今後刑事事件として発展するのか、放置されるのか。この辺りのことをなんら調べることなく、『横綱として品格がない』一本槍で朝青龍を放り出していいのか。妬《ねた》み、そねみが入ったまま、横綱審議委員会の勧告書を協会の決定事項として高砂親方や朝青龍に引退を迫る。引退しなければ解雇だと。このように存在意義がない協会はむしろ解散しろと言いたい」

海老蔵事件を振り返る

こうした朝青龍事件とは逆に市川海老蔵暴行事件では、海老蔵が表面的には被害者の立場に立った。事件はまだ新しいが、記憶を定かにするため、ここでも事件の概要を記しておく。

二〇一〇年一一月二五日未明、市川海老蔵は東京・西麻布の会員制カラオケバー「M」で飲酒中、同席していた石元太一（二九歳）が酔い、テーブルに伏せると、「寝るんじゃない、大丈夫か」などと髪の毛を摑んで顔を持ち上げたり、また石元の弟分に灰皿に注いだテキーラを飲ませようとしたり、頭から酒を注いだりした。

石元も関東連合の元メンバー。ブラックエンペラー（千歳台黒帝会）の元リーダーで一六代目総長。広告代理店勤務後、総合格闘技ジムを設立、芸能界入りしたが、二〇一二年九月詐欺容疑で逮捕される。彼は事前に弟分三人を呼んでいたが、その中に伊藤リオン（二六歳）がいた。

元サッカー選手の伊藤はパナマ人と日本人の混血で、中学三年のときにはヴェルディ・ジュニアユースでフォワードを務めた。同じころ宮前愚連隊に入り、二〇〇〇年、関東連合による前出「トーヨーボール事件」に参加している。六本木における関東連合ＯＢの一人にはちがいないものの、クラブのスタッフに留まり、ＯＢの中では下位に位置するとされる。

伊藤は兄貴分の石元が海老蔵にいいようにいたぶられているのを見て、海老蔵の顔面と腹に何発かパンチを叩き込んだ。これで海老蔵は左頬の陥没骨折、前歯二本の損傷、左眼球の結膜下出血、内臓打撲による血尿などのダメージを受けた。

海老蔵はビルの非常階段を使ってその場を逃げ、二五日の朝、タクシーで帰宅後、妻の麻央の一一〇番で警察に通報、救急車で虎の門病院に搬送された。二九日警視庁は伊藤の逮捕状を取り、海老蔵は同日、顔面整復手術を受けた。一二月七日、海老蔵は記者会見を行い、無期限の歌舞伎出演自粛が発表された。

同月一〇日、伊藤は警察に自首して逮捕され、身柄を目黒警察署に移された。同月二八日、海老蔵は記者会見を開き、伊藤側との間に示談が成立したと発表した。

二〇一一年三月一四日、東京地裁は伊藤リオンに懲役一年四ヵ月の実刑判決を言い渡した。彼は傷害罪に問われ、求刑は懲役二年だった。海老蔵はリオンを許していて、「早期の社会復帰を希望する」と述べたようだが、裁判官は執行猶予とはしなかった。

暴力のカオスに

両事件の概要と経緯は以上のようなものだが、事件に登場する関東連合OBはどのような形で六本木に棲息《せいそく》しているのか。六本木の夜をほんとうに牛耳《ぎゅうじ》っているのか。気になるところだ。

以下、何人か深く六本木の街にかかわる関係者の口を通して、彼らの実態を探りたい。まず彼らが登場する前、六本木はどうだったのか、前史からスケッチする。

一九九一年、バブル景気が弾《はじ》け飛んだ。このころから六本木の様相が変わった。

それまで六本木では小林会や大日本興行など、住吉会系の組が優越し、しっかり街を仕切っていたが、徐々に山口組傘下の各組が進出してきた。山口組では八九年渡辺《わたなべ》芳則《よしのり》が五代目組長に就任し、渡辺もその出身である傘下の山健組や中野会などが山口組の中でもとりわけ勢いを強めていた。山口組系の各組は企業舎弟などを通して六本木にダミー会社を立て、クラブやバー、カジノ、金融などを手掛けて収入を上げ始めた。

引き比べ在来の住吉会などは六本木の街を歩くだけで、積極的には事業に手を出さず、当初は山口組との間にトラブルが頻発した。だが、カネを握る山口組系各組との間にはほどなくカネの貸し借り関係ができ、東西暴力団のごちゃ混ぜ状態が現出した。

六本木のクラブ店長が語る。

「六本木に『S』というクラブがある。ここに渡辺芳則組長（〇五年引退）の彼女がいた。Iという子で、渡辺組長はしょっちゅうSに通っていた。このSには山口組系後藤組の後藤忠政組長（〇八年一〇月除籍、引退）もよく顔を出した。

山健組の桑田兼吉組長も六本木にはよく飲みに来ていた。銀座からの帰り、決まって六本木に寄る。桑田組長が銃刀法の違反（拳銃の共同所持）容疑で警視庁に逮捕されたのも六本木で飲んで、宿舎に帰るときだった」

同じころナイジェリア人、ガーナ人、ケニア人などが街に増えてきた。彼らは日本人の女を捕まえて結婚し、籍を入れて在留資格を得ると、本国から友人や兄弟を日本に呼び寄せた。夜の六本木にはこのころから肌色の黒い人間が目立つようになった。そうした一人である通称トニーは六本木に外国人相手のクラブ「ウォールストリート」を開店し、以後、街には同様のクラブがアメーバーのように増殖していった。

八八年イラン・イラク戦争が休戦し、それ以降、イラン人の来日、滞在が相次いだ。日本とイランは七四年にビザ相互免除協定を結んで、イラン人はビザなしで入国できた。彼らは当初、建設業に従事する者が多かったが、日本が不況に陥《おちい》ると仕事量が激減して失職し、中に犯罪に走る者も出た。九二年イランとのビザ相互免除協定が実質終結すると、来日イラン人の数は激減したが、不法残留イラン人の多くは変造テレホンカードの密売や覚醒剤、大麻などの密売に手を染めるようになった。

六本木でもイラン人を見掛けることが多くなったが、彼らはカッターナイフやピストルを常時携帯していると恐れられ、暴力事件をしばしば起こしていたナイジェリア人でさえ「危ないから」と彼らに手を出さなかった。イラン人は覚醒剤や大麻のほか、MDMA(合成麻薬の一種)やコカインも扱い、都内や名古屋の繁華街では通行人に向かって公然と「チョコ(大麻樹脂)あるよ」などと声を掛け、薬物の密売に従っていた。

戦慄の勢力図

イラン人はボスごとにグループ分けされ、首都圏で暗躍する「ハザネグループ」、中部圏中心の「ゾカイグループ」などが知られている。二〇〇五年三月には薬物密売の縄張り争いから六本木のレストランでイラン人同士が抗争し、イラン人一人が射殺されている。警察は同事件で岐阜県内に潜伏していたイラン人二人を検挙し、薬物密売容疑で一三人を検挙した。

これより前、住吉会系小林会は六本木を縄張りとする同会系の地回り一〇〇人を組織し、毎週集団で街を巡回する活動を始めた。彼らは連なってただ歩くだけだったが、外国人不良グループを牽制《けんせい》し、地元には小林会の活動を評価する声が高かった。

だが、地元の麻布警察が小林会に巡回するなと禁じた結果、六本木の街路は外国人の客引きだらけになった。六本木に居着きの暴力団組員の中には外人バーの用心棒やケツ持ち（後見人）になる者も多く、色の黒い外国人の姿が街に定着した。

同じころ六本木の飲み客は関西弁を使う者が増え、山口組系の組員がガラ悪く遊ぶように変わった。山口組では〇五年に組長が渡辺芳則（山健組の出身）から司忍（弘道会の出身）に代わり、それに伴い組内での主流派が山健組から弘道会に移行した。山口組内で力関係の変化はあったが、六本木での山口組優位は変わらなかった。

〇七年二月、六本木に隣り合う西麻布で住吉会系小林会の幹部が射殺される事件が発生した。ようやく〇九年一二月になって、山口組系國粹会の組員二人がこの事件にからみ逮捕されたが、事件発生時から山口組系組員の犯行だろうとは予測されていた。この襲撃事件で山口組はさらに六本木で関東勢を押し気味になり、山口組系の組幹部が関東の広域暴力団幹部にカネを貸し、結局、関東側が返せずにトラブルになり、借り手が所属する関東系組織から絶縁、破門等、処分される事態が増えた。

六本木における住吉会や山口組の動向はおおよそ以上のような流れになる。関東連合やそのOBの登場は一九九八年ごろからである。

後が面倒

そのころ、六本木ではイラン人や日系ブラジル人二〇～三〇人が徒党を組んで繰り出し、通行人をからかったり、路上に停めてある車を壊したり、わが物顔に振る舞っていた。

一九九〇年六月「改正出入国管理及び難民認定法」が施行されて就労活動に制限のない「定住者」資格が新たに創設され、就労目的の日系ブラジル人とその子弟が大量に入国した。二〇〇四年、ブラジル人の外国人登録者数は二八万六〇〇〇人に達したという。

地元六本木の住吉会系や進出した山口組系の組員は外国人に対する対抗勢力にはならなかった。一九九二年に「暴力団対策法」が施行され、暴力団と外国人の小競り合いでは暴力団だけが罰せられる、騒動を起こすだけ損という認識が暴力団側に広まっていた。警察も外国人の無法な行為には及び腰で、地元住民が取り締まりを警察に要望しても、「外国人は顔がよく似ているので、被疑者の特定が難しい」などの理由を設けて取り締まろうとはせず、六本木は外国人の無法地帯に変わろうとしていた。

そのようなとき、前出のトーヨーボール事件で拘留されていた関東連合のメンバー一〇人ほどが保釈で出、六本木を遊び場とするようになった。T・D（その後住吉会幸平《こうへい》一家系事務局長）などもそれで、彼らは外国人グループのメンバーを綿密に調べ上げ、実力行使でイラン人や日系ブラジル人など、不良外国人グループを六本木から叩き出すことに成功した。

彼らは暴力団にも負けていず、平気で暴力には暴力で渡り合った。たとえば仲間の一人が飲食店で組員に因縁をつけられ、トイレに連れ込まれてボコボコに殴打されれば、ただちに仲間を呼び集めて、逆に組員に暴行を加え、最後は土下座で謝らせることもした。

「とにかく関東連合のOB連中は結束力が強い。事が起きれば三〇分で三〇～五〇人を集める。暴力団も終《しま》いには音《ね》を上げ、関東連合の子がちょっと目障《めざわ》りな騒ぎを起こしても、『あー、あいつら？　いいよ、ほっとくよ』と取り合わなくなった。暴力団もなまじ関東連合に手を出すと、後が面倒と学習したわけだ。実際、六本木で暴力団

とやり合ったのは関東連合OBだけだったでしょう」(六本木が古い黒服)

関東連合OBは筋が通らないとなれば、暴力団と堂々殴り合い、暴力団が組織名を出しても「そんなの、関係ないですよ」とひるまず、殴るべき相手は殴った。彼らの先輩─後輩関係を中心にする結束力は見上げたもの、ボコボコにした相手への慰謝料もカンパでまかなうと、前出クラブの黒服は感心する。

「プロレスのT・NとS社ラグビー部の選手が西麻布のクラブで飲み、女の子をむりやり車に乗せて連れ去ろうとする騒ぎがあった。これを聞いて駆けつけた関東連合OBグループは車の前に立ちふさがって車にストップを掛けた。『なんだ、この野郎』車を降りて向かってくる相手に一歩も退かず、逆にゴテゴテにプロレスラーやラグビー選手をのし上げたという。数で勝っていたにちがいない。

相手は手痛く負傷した。関東連合側が一〇〇〇万円の慰謝料を払って示談にしないと、刑事事件として立件され、何人かが臭い飯を食わなければならない事態に立ち至った。このとき関東連合側はそれぞれが懐《ふところ》具合《ぐあい》に応じてカンパし、仲間うちだけで一〇〇〇万円のカネをつくって慰謝料の支払いを共同で担ったという。

こうしたことが重なり、地元の商店主や飲食店経営者からは「関東連合OBは使える」と、一目置かれる存在になった。これに伴い、六本木で騒ぎを起こし、咎《とが》められると「俺は関東連合だ」と開き直る手合いも増えたが、OBに問い合わせると、たいていは誰も知らない偽のメンバーで、そうした偽者が一時期激増したという。

六本木は同じころ、銀座のスカウトマンだらけになり、クラブ勤めの女性が銀座に引き抜かれることが多くなった。これに対抗上、六本木のクラブオーナーがスカウトマン会社をつくることになり、関東連合OBであるK・Tに声を掛け、彼を雇われ社長に据えた。K・Tの人望は今一つだが、頭がよく、統率力に優れているという。

しかしK・Tはオーナーの意に添わなかったのだろう、一年ぐらいで雇われ社長を退き、顧問に格下げになった。生活の乱れからか、時間にルーズだったとされる。

「ああはなりたくないね」

このころK・S（現在は西麻布、踊る方のクラブオーナー）が登場する。K・Sの生家は大阪の金融屋で、K・S自身が大阪の暴走族上がりという。上京して一時、住吉会系大日本興行に籍を置いていた。K・Sについては正木龍樹《りゅうじゅ》が率いる「論談同友会」出身の元総会屋と伝えられることが多いが、これは誤伝で、正木龍樹の娘と結婚したが、総会屋経験はないという。

K・Sは六本木で商売したい希望を持ち、酒類販売店と組んでクラブをオープンし、そのオーナー代理にK・Tを据えた。K・Sはまた六本木「G」のオーナーでもあり、同じくK・Tをその社長に就けた。

K・Tのほか、関東連合OBからは何人か、六本木で起業する者たちが出た。クラブ「B」や「A」を経営するN・Sもその一人で、彼は仲間のT・Dを尊敬し、T・Dを助けるためなら、自分でできることがあれば、それこそ建設現場にも出ると言っているらしい。

T・Dは暴走族「トップJ」「用賀喧嘩会」の出身で、やはり関東連合OBである。非常に人がよく、仲間や後輩に信頼されていることでは随一とされる。現在、関東連合OBのリーダー格と見るものが多い。しかし、彼は山口組系山健組と対立し、住吉会系幸平一家加藤連合会（新宿・歌舞伎町）の庇護《ひご》を求め、その縁で加藤連合会事務局長だったS・Sの幸平一家内S組に所属している。

Ｔ・Ｄのほかに何人か、稲川会や山口組系の組織に所属しているＯＢはいるが、やはり暴力団に進む者は少数で、暴力団への転身は関東連合ＯＢの身の振り方としては例外と言っていい。

暴走族は暴力団の予備軍といった時代はすでに過去のもので、今は逆に街角で所在なげに立ち尽くす暴力団組員を見て、「ああはなりたくないね」と拒否反応を起こす暴走族ＯＢが多い。暴力団はその中堅幹部まで含めてシノギに才覚がなく、経済的に疲弊しているケースが多い。本来が見栄を張る商売のはずだが、経済に詰まって見栄を張りたくても、張りようがなく、若者を引きつけるカッコよさを失っている。

しかも親分―子分関係に縛られ、一度盃を呑めば生涯、親分に従属しなければならない。親分―子分関係より、兄―弟、あるいは先輩―後輩関係の方が自由だろうことは容易に想像がつく。暴走族ＯＢは経済的に力をつけた者が多く、もはや暴力団に入って三下《さんした》修業する必然性はない。

ほかに海老蔵殴打事件の現場になった西麻布「Ｍ」の店長Ｆ・Ｙもいる。Ｆ・ＹはＫ・Ｔの友人で、芸能関係の女性を有力者に斡旋《あっせん》することが異常にうまいという評がある。人材派遣を手がけるグッドウィル・グループ（現テクノプロ・ホールディングス）前会長の折口雅博や、エイベックス・グループ・ホールディングス社長・松浦勝《まさ》人《と》などもF・Yのことはよく承知しているという。

関東連合OBには元AV監督の松嶋クロスもいる。彼は永福町ブラックエンペラーの出で、二〇〇二年に『援JOY交際撲滅委員会』で監督デビューし、多くの作品を発表、数々の賞を獲得したが、〇七年突然監督を引退すると発表した。

ほかに先輩の不動産会社を手伝っている者、老人騙しの振り込め詐欺を主宰している者、元山口組系五菱会（現清水一家）が仕切ったヤミ金で店長だった者、事件に関係して服役中の者など、関東連合OBの進出先は多分野に及んでいる。まともにサラリーマンになった者もいるが、それらは少数に止まり、大多数が起業するか、雇われでも社長・店長になるか、自我を潰さずに済む分野を保持している。

第二章　半グレ集団とは何か

愚連隊、グレーゾーン

暴力団の陰で新興の組織犯罪集団が勃興《ぼっこう》している。彼らに対する公的な呼称はまだなく、本書では「半グレ集団」と呼ぶことにする。「半グレ」は彼らが堅気《かたぎ》とヤクザとの間の中間的な存在であること、また「グレ」はぐれている、愚連隊のグレであり、黒でも白でもない中間的な灰色のグレーでもあり、グレーゾーンのグレーでもある。

半グレ集団はどのような性格を持つのか。以下、もっぱら暴力団と対比しながら、彼らの性格について記そう。

まず彼らは暴力団に籍を置いていない。そのために暴力団対策法の適用を受けずに済むし、各都道府県が定める暴力団排除条例の対象外にもなる。よって彼らは公共住宅にも住めるし、その気になれば公共工事の下請けや孫請けにも参入できる。

もちろん民間のマンションでも部屋を借りるとき、書類で「暴力団に関係しているか否か」を問われて、「暴力団に関係していない」に丸をつけることはなんら障《さわ》りにならない。まちがっても後で「私文書虚偽記載」の理由で警察から事情を聞かれる心配はないし、何より検挙を恐れる必要がない。事実、彼らは暴力団のメンバーではなく、暴力団に関係してもいないからだ。

二番目の特色としては、半グレ集団の持つ匿名性、隠密《おんみつ》性が挙げられる。

暴力団は相手に直接、間接的に自分を暴力団組員と認識させることで威迫や恐喝を行う。暴力団は知られてナンボの世界であるからこそ、「男を売る商売」になる。相手が自分を暴力団と知らなければ、相手は恐怖せず、自分の持つ力も信じない。従ってそういう相手を恐喝しても、相手から所期の金品やサービス、機会を提供させる確率が低くなる。ヘタをすれば、相手が恐喝した者を暴力団組員と知らなかったために、逆に警察に通報する危険性さえ高まる。

対して半グレ集団は所属の団体やグループ名を相手に知られる必要がない。たとえば関東連合OBが経営するクラブでコカインやMDMAを売るにしても、売り手が関東連合OBだから、薬物の純度が保証されたも同様という評価はあり得ない。逆に誰が売っているのか、買い手にわからない方が警察の摘発を免れる最低条件になる。

半グレ集団が営む商売（シノギ）の種類にもよるが、概してメンバーやグループの名、経歴、所在地などいっさいの属性を隠した方がシノギはスムーズに運ぶ可能性が高い。オレオレなどの振り込め詐欺、出会い系サイトの運営、偽造クレジットカードの使用、インターネットカジノ、ネット利用のドラッグ通販、ペニーオークションの運営などを考えれば、秘匿性、匿名性が彼らの商売の要件であることは明らかだろう。

逆にいえば、暴力団のこわもて風に比べ、詐欺的な犯罪に手を染めるのが半グレ集団である。彼らも時に恐喝する場合があるが、総じて何食わぬ顔をした詐欺が彼らの犯罪の基調になる。

犯罪を犯した者の誰もが、自分が犯罪に手を染めたと知られることは望まない。もちろんヤミ金の経営などでは利用者に誰がカネの貸し手であるか、認識される必要はあろうが、それでも利用者に反撃されないよう、相手に知られるのは自分の携帯電話の番号だけといった風に、自分の属性を極力秘匿するよう努力している。

後塵を拝する暴力団

三番目は暴力団の構成員に比べて、半グレ集団のメンバーは二〇～三〇歳代、年長でも四〇歳代までと年齢層が若い。前章で触れた関東連合OBに見る通りである。ほとんどのメンバーが一九八五年ごろからのバブル景気を知らず、平成不況や失われた一〇年、二〇年の申し子たちといえる。

そのせいか、カネにはシビアで、老人や社会的弱者から枕ガネを奪うこともためらわない。総じて人間関係にドライ、ニヒルであり、信じられるのは仲間うちだけ、特定の先輩だけといった閉鎖性がある。とりわけ暴力団組員は信用せず、可能なかぎり身辺に近づけない。稼いだカネを組員に横取りされることを何より恐れているからだ。

また彼らは生まれながらにしてゲームセンターやテレビゲーム、ファミコン、パソコン、インターネット、携帯電話などに取り巻かれて育ってきた。若さもあり、ネットやIT技術、金融知識などを容易に身につけ、自在に使いこなす者が多い。そのためインターネットやIT関係で新しいシノギを見つけ、創出し、採用して活用することに得手《えて》である。

もともと戦後の暴力団はスキマ産業探しが得意だった。地上げ、倒産整理、債権取り立て、交通事故の示談交渉への介入、競輪・競馬のノミ行為、野球賭博、シンナーや覚醒剤の密売など。これらはおおよそ彼らが創出したスキマ産業といっていい。違法であり、一般人が容易に提供できないサービスを彼らが提供することでシノギとしてきた。

近年、新シノギはネットやIT関係から生まれるケースが多い。が、それらの分野で先鞭《せんべん》をつけるのは半グレ集団であって、暴力団ではない。暴力団はどうしても後手《ごて》になりがちで、結果的に新シノギを見つけられない。

しかもバブル期、彼らに大金をもたらした地上げは不況で土地が動かないため、過去の話になり、株式市場もよくて横這い、株高という浮利《ふり》を暴力団にもたらさない。現在はアベノミックスで日経平均二万円台を維持しているが、株高や仕手株で儲けたというヤクザはあまり聞かない。暴力団は伝統的シノギというべき覚醒剤取引、情婦を使った管理売春、裏カジノなどでの賭博開帳、飲食店などからのミカジメ徴収（カスリ、用心棒代の取り立て）などで食いつないでいる現実がある。

伝統的シノギへの回帰とはいっても成算はなく、しょうことなしの縮小である。暴力団は新シノギの面でも創出力を失い、半グレ集団の後塵《こうじん》を拝する立場にはまり込んでいる。時代に即応したシノギを見つけられないのだから、暴力団の中でもとりわけ末端層が貧窮にあえぐのは当然だろう。

暴走族の盛衰

四番目はこれに関連して、新規の志望者は暴力団で激減、半グレ集団で増大という傾向がある。かつて暴走族やヤンキー、チーマー（ストリートギャングを模倣した不良グループ）などは多分に暴力団予備軍と見られていた。彼らはほぼ二〇歳を境に暴力団に進むか、堅気として暮らすか、厳しく選択を迫られたが、関東連合ＯＢに見るように、暴力団の手前に半グレ集団というダムが都会の随所にできた。

近年、暴走族そのものも壊滅したに等しい。一九七八年道路交通法の改正で「共同危険行為等禁止規定」が新設され、二〇〇四年には「共同危険行為」の摘発に必要だった被害者の証言が不要となり、警察官が現認するだけで暴走行為の摘発、逮捕が可能になった。

加えて若者のバイク、車離れがあり、かつては全国に見られた暴走族そのものがほぼ過去のものになった。

暴走族の世界でリーダーは二〇歳ごろ暴走族を卒業し、次の世代にリーダーを渡すのが普通だったが、新世代の加入者が少なかったため、自然、年長者が依然として暴走族をリードする情況が生まれた。

このため暴走族にとっても、暴走族組織がその要員に対してダムの役割を果たした。長い期間、同じ顔ぶれが同じように先輩―後輩関係のまま結ばれ、暴走行為を繰り返す中で仲間意識を育《はぐく》むしかない状態が生まれたのだ。暴走族、あるいはそのOBが強固な結束を誇るようになったのは自然であり、それが暴走族をして暴力団から離れさせた理由の一つでもあろう。

ヤクザに関係ない不祥事

今、暴力団は懐がさびしく、若い者に対していい格好をしたくてもできない現実がある。組員は格好が悪く、憧れの対象にはならないと暴走族側は受け取る。彼らにとっては親分―子分関係でギリギリに縛られるのも耐え難い。集団統制も嫌だ。入ったところで、警察に目をつけられ、暴力団であるが故の不利益もこうむる。何が悲しくて暴力団に入らねばならないかと拒否反応が出る。

従来、暴力団への加入層には暴走族があったほか、非行化した果て、少年院や少年刑務所に送られ、そこで知り合った者からの勧誘、街で遊ぶうち、組員と知り合い、彼を兄貴分と仰いで組事務所に出入りし、そこで説得されてなど、さまざまなルートがあった。

加入者の出自は暴走族、親も手に余す不良少年、番長、未解放部落出身者、在日韓国・朝鮮人などであり、暴力団に就職するしかほかに就職先がないといった必然性や切迫感があったが、今では多くの者が望んでも正社員になれない現実があり、社会的に閉塞感がおおって、個々の差別を希薄化している。

暴力団に就職する気持ちで加入したり、任侠道《にんきょうどう》を信じて加入すれば、すなわちその者は変わり者であり、加入はその者の趣味の問題と片づけられる。

対して半グレ集団への加入は多様なルートがある。不祥事を伝える最近のニュースだけによっても、暴走族OBのほか、力士や元力士が挙げられよう。

二〇一〇年夏、日本相撲協会は野球賭博に揺れた。賭博で仲介役を果たした元力士や床山《とこやま》たちは警視庁の家宅捜索で携帯電話を押収された。携帯は着・発信記録や電話番号簿など情報の宝庫であり、たとえユーザーが記録を消去したとしても、電話会社には一定期間、記録が残される。

警視庁は長々捜査して、ようやく一一年一月末、元十両力士・古市貞秀（事件時三四歳）や母親の古市米子（同六三歳）、元幕下力士・藪下哲也（同二九歳）の三容疑者を賭博開帳図利《とり》容疑で、元幕下力士・山本俊作（同三五歳）容疑者を同幇助《ほうじょ》容疑で、それぞれ逮捕した。

一見して明らかなように、逮捕者の中に暴力団組員はいない。元相撲取りとその家族がいるだけである。〇九年病死した弘道会系の組幹部は野球賭博に関与していても、彼の死後、生きた組員は野球賭博に一人も関与していなかった。野球賭博を仕切ったのは、非行が過ぎて賭博の開帳にまで手を染めた元及び現役の相撲取りだけだったのだ。

広がるグレーゾーン

あえて相撲取りとはいわないが、広く堅気、つまり一般人の不良化、半グレ集団化が進んでいる。

たとえば振り込め詐欺の主宰者、電話で演技して年寄りを騙し、カネを引き出している若者たちの大半は組員ではなく、堅気である。

暴力団が振り込め詐欺に関係したとしても、せいぜいケツ持ち（後見人、用心棒）か、道案内程度に過ぎない。

野球賭博にしろ、携帯電話での申し込みが多く、客は賭けた試合で負けると、賭け金を払おうとしない。暴力団がしつこく払えと請求しようものなら警察に駆け込まれる、よって暴力団のシノギには、もはやなり得ない現実がある。

つまり半グレ集団への加入は広く一般人に開かれている。一般人と地続きの地平に半グレ集団が控えている。しかし、そうはいっても、一般人の全てが半グレになるわけではない。半グレになる、ならないはどこに境界があるのか。

何が悪で、何が善か。何が犯罪で、何が適法か。個人の価値判断や倫理観が物をいうのは当然だが、やはり「挫《くじ》かれた経歴」が大きな影響を与えているはずである。

暴走族になる、ならないも岐路の一つだろうが、ただ暴走族OBにもさまざまな前史がある。

「親父は女を連れて逃げ、母親はソープ勤めで家に男を引き入れてとか、育った環境が下町でめちゃくちゃな子もいるし、わりときちんとした家庭で育った子もいる。悪い環境で育っても、非常に仲間思いの子もいるし、まともに育っていても平気でうそ泣きして人を騙す奴もいる」（関東連合OBに詳しい六本木のクラブ店長）

おまけに暴走族になったからといって、その全てが卒業後、半グレ集団に属するわけではないし、たとえ半グレ集団のメンバーであっても犯罪に手を染めない者もいる。

要は半グレ集団に加入する機会は無数にあるということである。

たとえば「パチンコ関係の教材、雑誌の販売」という求人広告を見て応募したところ、パチンコのインチキ攻略法を売る詐欺会社だった。同社でやらされたことは、電話をかけてきた客にインチキ攻略法を売り込むか、言を左右にしてクレーム客を丸め込むか、どっちに転んでも詐欺の片棒担ぎだった。

使える社員として詐欺に従事し、早晩、逮捕されるか、詐欺に従事するのは嫌だと会社を辞めるか。身近なところに半グレ集団への落とし穴がポッカリ口を開けている。そこに入った上、犯罪をためらうか、拒否するかは個人の考えにかかっている。半グレ集団は仲間の犯罪に寛容な土壌といってもいい。

ゲリラ的反社

背景にあるのは暴力団の力の衰えである。反社会的集団は最近「反社」と略されるほど広く普及している概念だが、反社の代表が暴力団だったことは間違いない。反社の中でも暴力団が一番有力で、他の反社勢力はつねに暴力団の顔色を窺《うかが》わねばならなかった。早い話、総会屋はかつてそれ自体が独立した業態だったが、早い時期に暴力団に征圧、吸収され、総会屋といえば暴力団系総会屋がごくふつうになった。

総会屋は警察に個別撃破され、ほぼ消滅した。だが、こうした総会屋とは逆に、ほかの反社の中には暴力団という押さえの消失を見て、好き勝手に半グレ行為に手を出すことが平然と行われるようになった。

いい例が前に挙げた元力士らによる野球賭博の開帳図利である。賭博は博徒の縄張り内で行われる以外は、いかなる賭博であっても、堅気が開帳してテラセンを取るなどは決して許されない行為だった。しかし賭博に関してはスッカタギといっていい元力士が平然と野球賭博を主宰し、勝負の度に賭け客から賭け金の一割という手数料、テラを取っていた。

暴力団の勢力の衰えに従い、反社の中でも半グレ集団がそれぞれ勝手に犯罪収益に手を出すようになった。暴力団という重しが外《はず》れつつあるからである。

だが、とはいえ、半グレ集団は暴力団に代わることはできない。暴力団は擬制血縁関係をもとにピラミッド型の組織をつくりあげ、全国に勢力を扶植《ふしよく》し、また土地土地の有力組織と友誼《ゆうぎ》関係を結び、日本の全地域を結ぶネットワークを完成している。暴力団は組織化の完成型であり、半グレ集団がたとえマネしたくてもマネできるものではない。

だいたい組織を律する理念が根本から違う。半グレの犯罪は蛸壺《たこつぼ》型の個別出撃で行われる。ほかの半グレと協働することは皆無ではないまでも、めったになく、単に犯罪によりそのメンバーがしのげれば、それでよしとするのが基本である。

生活者的であり、犯罪の個別、拡散化ともいえよう。もともと同業者とのネットワークという考えは彼らにはない。

割に合うシノギ

そしてこれが先進諸国における組織犯罪のあり方としてふつうのことなのだ。たとえば英、独、仏といった国には日本の暴力団やイタリアのマフィアのような犯罪のデパートじみた組織はないとされる。あるのはヘロインの密輸、宝飾品専門の強・窃盗、人身売買、銀行強盗、クレジットカードの偽造、金融犯罪など、それぞれに特化した専門的な組織だけなのだ。

つまりは犯罪者集団だけが存在する。香港の14Kなど三合会は日本の暴力団に似通う組織と見られがちだが、実態はメンバーのそれぞれが各自得意とする犯罪で収益を上げているだけ。その事実が上部に報告されることもない。だいたい14K同士が誰がどの派のメンバーか知らない状態がふつうである。山口組の若頭が何をどう考え、どう指示したか、などが組織を通じて伝達される日本の暴力団とは大違いなのだ。

こうしたことで日本でも個々ばらばらの形ではあっても、半グレ集団が各地に叢生《そうせい》し、暴力団と対決する局面も生まれる。そのような場合、半グレ集団が暴力団を圧倒する場合がある。

たとえば暴力団組員に故意にケンカを売る。組員が怒り、殴りでもしようものなら、逆《さか》ねじを食わせる。

「俺たちはカタギだ。ヤクザがカタギを殴ってタダですむと思っているのか。出すものを出せ。出さないんなら、(民法の)『使用者責任』でお前の親分を裁判に引っ張り出すぞ」

組員としては組長に迷惑は掛けられない。警察に「不良に脅されました」と被害届も出せない。泣く泣く要求額を払う結果になる。

半グレ集団の中にはたしかに暴力団系も存在する。だが、大半は暴力団とは距離を置いているから、暴力団に対する暴対法などの形で半グレ集団を有効に取り締まる法律はない。現在、一般人が受ける被害は、振り込め詐欺やヤミ金に窺えるように、むしろ半グレからの被害が大きい可能性がある。

半グレで居続けるかぎり、法令上の扱いは一般人、堅気であり、それなりに人権を擁護される。同じ罪名の判決でも暴力団と半グレとの間には量刑に差がある。つまり暴力団は割に合わない稼業になりつつあり、半グレが割に合う。

半グレ集団の犯罪はその環境における適者生存の原理に基づき、所得の再配分に通じる。たとえば西麻布での市川海老蔵は殴られるべくして殴られたのであり、示談の内容がどのようなものだったか不明なものの、今後、海老蔵としては、殴打事件を痛い教訓とするほかにない。

警察庁作成の半グレレポート

警察庁は二〇一三年三月、「準暴力団」という用語をつくり、全国の警察に通達を出した。但し準暴力団は暴力団対策法に基づく指定や認定ではなく、警察による取締り等で便益をはかる実務上の術語と見られる。いわば世上、使われ始めた「半グレ」の言い替えである。そのため、準暴力団の厳密な定義はなく、準暴力団として位置づけられたとしても、法的にどう扱われるのか、一切基準はない。また警察庁が準暴力団として扱う団体もその時点で話題の団体というに留まり、組織として一過性のものと見られる。捜査上、格段の効果はないはずだが、警察庁が半グレをどう見ているかを示すため、以下、警察庁資料を紹介しておく。

準暴力団について

1　準暴力団の概要

近年、繁華街・歓楽街等において、暴走族の元構成員等を中心とする集団に属する者が、集団的又は常習的に暴行、傷害等の暴力的不法行為等を行っている例がみられる。こうした集団は、暴力団と同程度の明確な組織性は有しないものの、暴力団等の犯罪組織との密接な関係がうかがわれるものも存在しており、様々な資金獲得犯罪や各種の事業活動を行うことにより、効率的又は大規模に資金を獲得している状況がうかがわれる。平成26年末現在、警察では8集団を準暴力団と位置付け、実態解明の徹底及び違法行為の取締りの強化等に努めている。

2　準暴力団の概要（公表している4集団について）

(1)関東連合ＯＢグループ（活動地域：首都圏を中心に活動）

「関東連合」は、昭和48年頃に結成された関東地区の暴走族の連合体。平成15年8月に解散・消滅したが、その後、関東連合ＯＢが暴走族時代の人的ネットワークを活用して離合集散を繰り返しつつ、暴力団の後ろ盾を得るなどして新たなグループを形成している。

(2)チャイニーズドラゴン（活動地域：首都圏を中心に活動）

中国残留邦人の子弟らが東京都内において結成した暴走族「怒羅権」に、その後、他の中国残留邦人の子弟らを中心とする不良グループが合流した集団で、首都圏を中心とした地域において、恐喝、特殊詐欺等の様々な犯罪を組織的に敢行している。

(3)打越スペクターＯＢグループ（活動地域：東京都八王子市周辺で活動）

昭和63年頃に八王子地区の暴走族が結集して組織された暴走族「打越スペクター」のＯＢ等を中心にグループが形成された。平成22年12

月に発生した巣鴨四丁目男性所在不明事件においてメンバーら7人を逮捕していたが、警察庁指定重要指名手配していた主犯格の男についても平成27年1月、死体遺棄容疑で逮捕した。

(4) 大田連合OBグループ(活動地域:東京都大田区周辺で活動)

昭和58年頃に大田区の暴走族が結集して「大田連合」が組織されたが、メンバーの逮捕等により壊滅、再結成を繰り返していた。平成22年に「大田連合」自体は壊滅したものの、平成24年には対立グループとの抗争に備え、金属バット、鉄パイプ、ナイフ等の凶器を持って集合し抗争となるなど、大田連合OBを中心にグループを形成し活動している。

3 主な検挙事例

○ 虚偽の住民届提出による電磁的公正証書原本不実記録・同供用等事件(宮城、平成26年1月検挙)

○被害回復給付金名下特殊詐欺事件（警視庁、平成26年4月検挙）
○池袋二丁目カフェ店内拳銃使用殺人事件（警視庁、平成26年7月検挙）
○アダルトサイト料金名下架空請求詐欺事件（警視庁、平成26年9月検挙）
○チャイニーズドラゴン葛西グループリーダーらによるみかじめ料名目の恐喝事件（警視庁、平成26年11月検挙）
○巣鴨四丁目男性所在不明にかかる死体遺棄事件（警視庁、平成27年1月検挙）

「平成26年の暴力団情勢」（警察庁組織犯罪対策部）より

第三章　暴力団の現状

「暴力団」の定義

ときどき思い出したように暴力団の存在がクローズアップされる。

暴力団は現在、何を稼ぎのネタにしているのか、暴力団の勢力や影響力は増えているのか、減っているのか、その経済規模はどの程度のものか。実態を知る者は少なく、基礎データさえ不足気味である。

警察庁によれば、暴力団のメンバー数はここ数年、微減している。二〇〇九年現在、構成員が三万八六〇〇人、準構成員が四万二三〇〇人、合計八万九〇〇人であり、〇四年の八万七〇〇〇人をピークに、以降、ゆるやかな下降線を描いている。

警察の分類では、暴力団は「構成員」と、それとほぼ同数の「準構成員」から成るのだが、準構成員（「準構」と略すことも）とは何なのか。

警察庁の定義では「構成員ではないが、暴力団と関係を持ちながら、その組織の威力を背景として暴力的不法行為等を行う者、または暴力団に資金や武器を供給するなどして、その組織の維持、運営に協力し、もしくは関与する者」となる。

警察はまた別に「企業舎弟」や「フロント企業」、「周辺層」や「共生者」、「反社会的勢力」（「反社」と略す）といった概念、用語を使っている。これらの者たちが構成員に入るのか、準構に入るのか、きわめて曖昧模糊《あいまいもこ》としている。

ちなみに「暴力団」の定義は冒頭に記したが、ここで繰り返しておこう。「暴力団対策法」（暴力団員による不当な行為の防止等に関する法律）の第二条に簡単に、こう記されている。

「暴力団　その団体の構成員が集団的に又は常習的に暴力的不法行為等を行うことを助長するおそれがある団体をいう」

また同法の第三条（指定暴力団の指定）第一項には、

「名目上の目的のいかんを問わず、当該暴力団の暴力団員が当該暴力団の威力を利用して生計の維持、財産の形成又は事業の遂行のための資金を得ることができるようにするため、当該暴力団の威力をその暴力団員に利用させ、又は当該暴力団の威力をその暴力団員が利用することを容認することを実質上の目的とするものと認められること」

一般人は私的暴力を警察や検察に委《ゆだ》ねている。すなわち公権力による身柄の拘束や科刑だけを認め、私的に振るわれる暴力は認めない。対して暴力団は集団になって私的暴力システムを維持し、もっぱらその威迫力で金銭を獲得し、時にその暴力を実際に行使する。サッカーではゴールキーパー以外、手は使えない決まりだが、暴力団は足と同じく手も使う人たちといえるかもしれない。

構成員、準構成員の定義は漠然としているが、感覚的には分かる気がする。つまり、その者が個々の組に在籍していると、警察がつかめた者が構成員である。これに対して在籍が確認されないものの、暴走族やチーマー上がりの若者など、ひんぱんに組事務所に出入りしている者、また破門や除籍などで処分が出、捜査資料上は在籍が否定されているが、相変わらず組や組員の周辺でうろうろしている者、地域の企業や商店の経営者などで、日常的に暴力団幹部と親しく、仕事や遊びなどで暴力団ぐるみで行動する者、――などが準構成員と考えれば分かりやすいかもしれない。

山口組の現在

暴力団対策法は全国の暴力団（構成員総数は約二万二三〇〇人）のうち二一団体を

「指定暴力団」としている。二一団体の指定により全国組員のおよそ九六・四％をカバーしているという（『平成26年版警察白書』）。

指定二一団体のうち、一〇〇〇人以上の構成員を抱える団体は六代目山口組（本部は神戸市灘区、一万三〇〇人）、住吉会（東京都港区、三四〇〇人）、稲川会（東京都港区、二九〇〇人）の三団体に過ぎない。それらに次ぐのが松葉会（東京都台東区、八二〇人）、極東会（東京都豊島区、八〇〇人）、道仁会（福岡県久留米市、五七〇人）、五代目工藤會（福岡県北九州市、五二〇人）である。

暴力団の中でガリバー型の大勢力が山口組で、その構成員数は全国組員数の四六％を占める。つまりヤクザのうちおよそ二人に一人は山口組なのだ。

しかも山口組の親戚・友誼団体は指定二一団体のうち一一団体以上をカバーしている。つまり稲川会、松葉会、五代目共政会（広島市南区、一九〇人）、六代目会津小鉄会（京都市下京区、一六〇人）、九代目酒梅組（大阪市西成区、四〇人）、双愛会（千葉県市原市、一九〇人）、四代目浅野組（岡山県笠岡市、一〇〇人）、七代目合田一家（山口県下関市、九〇人）、三代目福博会（福岡市博多区、一八〇人）、三代目俠道会（広島県尾道市、一二〇人）、二代目親和会（香川県高松市、五〇人）などが山口組の親戚・友誼団体であり、指定団体ではないが、東亜会（東京都港区）も友誼団体に含まれている。

こうした親戚・友誼団体は葬式や法要、襲名などの際、山口組との間で相互に行き来するほか、正月などには神戸の山口組本部を訪問、新年の挨拶を行い、また各組織の若頭（組内のナンバーツー、政党の幹事長、書記長に相当。稲川会などは理事長と名乗る）が横断的に山口組本部に集まって親睦を深める「若頭会」も組織している。すなわち暴力団世界の盟主が山口組であり、山口組と友誼関係を結んでいない組織は住吉会、五代目工藤會、道仁会など、ごく少数に限られる。

警察庁の安藤隆春長官（当時）は二〇一〇年五月、全国の警察本部の捜査担当課長を集めた会議でこう号令をかけた。

「弘道会の弱体化なくして山口組の弱体化はなく、山口組の弱体化なくして暴力団全体の弱体化はない」

実際この通りだろう。警察が掲げるターゲットの設定としては正確といえる。ここで「弘道会」とは名古屋に組事務所を置く、山口組の保守本流、中核的な組織である。

「弘道会やその傘下組織の首領級の上部幹部検挙と、主要な資金源の遮断を徹底し、弘道会の弱体化、壊滅を現実のものとされたい」（安藤長官の訓示）

警察のこうした目標設定のもとに、名古屋場所での維持員席観戦問題が取り沙汰され野球賭博問題、山口組若頭で弘道会会長の髙山清司らによる四〇〇〇万円恐喝事件などが立件されている。

六代目体制を見極める

山口組について若干解説しておくと、今の六代目組長は司忍（本名は篠田建市、府中刑務所で服役後、二〇一一年四月に出所）で、司は弘道会の初代会長である。また若頭は髙山清司で、同じく弘道会の二代目会長、現総裁である。

つまり山口組のトップ、ナンバーツーとも弘道会の出身だからこそ、弘道会が山口組内で主流中の主流であり得ている。

山口組本家（一次団体という）には一〇年五月現在、およそ八五人の「直系組長」（直参《じきさん》ともいう）がいる（以下、記述は一〇年当時のこと）。彼らはいずれも司忍組長の子（若衆、若中とも）か、弟（舎弟）であって、理念的には直系組長中の長男が「若頭」である。ご存じの通り、暴力団は組織内の人間関係を親子、兄弟関係になぞらえている。

とはいえ、若頭の権限は旧民法の「長男」以上に絶大で、とりわけ現在の若頭・髙山清司に対して、他の直系組長たちは直立不動で受け答えするとされる（一〇年一一月京都府警は髙山清司を恐喝容疑で逮捕し、一二月京都地検は髙山を起訴。以来、髙山は身柄を拘束され、山口組本部での彼の威令はゆるみ始めたが）。

また平日、髙山が神戸の山口組総本部に詰めているため、ほかの直系組長たちも特別の用がなくとも、本部に詰めることが慣例となった。九州や関東、東北、北海道などを地盤とする直系組長たちはそのためわざわざ神戸に宿舎を手当てし、月から金曜までは神戸での長期出張が常態化していた。

山口組は組長の司忍が服役して「社会不在」が長かったため、髙山若頭が恐喝で逮捕されるまでは、髙山がすべてを仕切っていた。総本部長一人と若頭補佐七人は髙山若頭を補助する機関といっていい。若頭補佐とは別に「幹部」という役職もあるが（現在九人）、これは若頭補佐への登用候補生と見られる。

他に舎弟三人、顧問四人、最高顧問一人がいるが、彼らはいずれも舎弟クラスで、山口組内では一線を退いた名誉職的なニュアンスがある。

八五人の直系組長たちはそれぞれが自分の組（二次団体）を率いている。若頭・高山清司が二代目弘道会を、総本部長・入江禎が二代目宅見組（大阪）を、率いるようにである。二次団体に属する組員の中には子分なし、舎弟なしの一匹狼がいないわけではないが、たいていそれぞれが自分の組（三次団体）を作って組員を率いる。

ヤクザの懐具合は

こうして山口組は五〜六次団体までのピラミッド構造を成す。親分の子分が親分になって子分を抱え、その子分がまた親分になって……という繰り返しが四〜五回続くわけだ。

各段階の組では月の会費を集める。山口組本家に属する各直系組長たちは無役のヒラで月八〇万円、役付きで月一一〇万円を本家に納める。ほかに月の積立金三〇万円があり、またペットボトル入りの水など日用品の半強制的な購入が最低でも月五〇万円はある。

直系組長を続けるためには、なんやかや月二〇〇万円前後が必要になる。年約二四〇〇万円の支出が可能になるのは年収一億円以上と推定される。山口組の直系組長は裕福でなければばつとまらない。また前記した通り平日は「神戸出張」だから、自分でシノギを采配できず、よほど信頼できる番頭格の若い衆か、企業舎弟を抱えていなければ、やっていけない。

会費は、直系組長たちが率いる二次団体でも組員たちから集める。仮に二次団体の組員が五〇人で、一人当たり月額が二〇万円なら、総額一〇〇〇万円に達し、本家への会費上納に不自由することはないともいえる。カネは下から上に上がり、しわ寄せや辻褄《つじつま》合わせは上から下に及ぶわけだ。

暴力団はもともと上厚下薄が激しい世界であり、格差社会であることは一般社会以上ともいえる。

三次団体の組長が語る。

「直参と下々の者を比べれば、王様とホームレスよりもっとひどい。下の者がわしに相談したい、と。話を聞くと、最終的には決まってカネを貸せって話になる。

『新規に商売したいから三〇〇万円貸せ』っていうならまだしも、今は兄弟分クラスでも『三〇万円なんとかなりませんか』と来る。その下になると『明後日なら返せます。一、二万円用立てて』と必死だから、情けなくなる。中には『トラックでもバンでもなんでもええ、仕事ないやろか』と運転手の仕事でも世話してくれろ、と。もうヤクザは来るとこまで来ました。先はないです」

末端層の窮乏は目をおおうばかりというのだ。暴力団の経済規模については、古い調査しかない。

一つは警察庁がバブル絶頂期の一九八九年に発表した「暴力団の年間収入内訳」で、非合法な資金源活動としては、

一、覚醒剤　四五三一億円（全収入の三四・八%）
二、賭博、ノミ行為　二二〇〇億円（一六・九%）
三、みかじめ料　一一三三億円（八・七%）
四、民事介入暴力　九五〇億円（七・三%）
五、企業対象暴力　四四三億円（三・四%）

六、その他　一一九八億円（九・二％）

と続く。

合法資金源活動としては、

一、企業経営　一二八九億円（九・九％）

二、その他　一二七六億円（九・八％）

の二つである。

暴力団産業一兆三〇一九億円（同時期の暴力団員総数八万八〇〇〇人から割り出した組員一人当たり平均年収は一四七九万円）というこの調査は、当時暴力団経済の過小評価と批判されたが、バブルの崩壊や失われた一〇年を経た今では当たらずといえど遠からざる数字かもしれない。

暴力団経済の基本はオモテ経済への寄生だから、オモテ経済が縮減すれば、それ以上に縮むのは当然だろう。

このさらに一〇年前、七九年には警察庁が発表した「暴力団の年収推計」がある。推計は「獲得手段別収入合算法」と「暴力団員の平均収入合算法」の二方向からアプローチしているが、いずれも暴力団は一兆円産業としている。

ちなみに「暴力団員の平均収入合算法」によると、組員の生活は上層から下層の順に、次のように分類できるとする。

一、組定着型（組員の一四・六％を占める。年収三〇〇〇万円）ほとんどが組の首領か幹部。
二、組依存型（二二・四％、年収二〇〇〇万円）組幹部か中堅組員。
三、女依存型（二八・二％、年収一〇〇〇万円）特定女性に寄生して生活の面倒をみてもらいつつ組活動を行う。いわゆる女のヒモ。
四、親依存型（八・八％、年収三〇〇万円）親兄弟に生活を依存、下級組員に多い。
五、下層労働者型（二〇・五％、年収三〇〇万円）露店や建設現場で働きつつ、暴力団に所属。
六、その他、分類不能（五・五％、年収三〇〇万円）元組員の暴力常習者など。

現在、年収三〇〇万円に届かない正規、非正規の社員、パートタイマー、就職浪人、失業者などは少なくない。三〇年前には暴力団の最下層でも、今のワーキングプアより上を行っていた。当時は（たぶん今でも）女のヒモをやって年収一〇〇〇万円という現実は、若手でカタギの労働者にとってはそうとうなショックだろう。

「人生をサボりすぎてきた」

暴力団の今のシノギ（資金源獲得活動）がどうなっているかだが、『平成二二年版警察白書』はこう記している。

「企業や行政機関を対象とした不当要求、振り込め詐欺、強盗、窃盗のほか、最近の経済不況下における各種公的給付制度を悪用した詐欺等」

「暴力団関係企業を通じ、または暴力団と共生する者と結託するなどして、暴力団の威力を背景としつつ、一般の経済取引を装い、貸金業法違反、廃棄物の処理及び清掃に関する法律違反等」

「覚醒剤取締法違反、恐喝、賭博及びノミ行為等のいわゆる伝統的資金獲得犯罪による検挙人員の占める割合は、低下する傾向にある」

これによりおおよその傾向は察せられよう。地上げや産廃、株、FX（外国為替保証金取引）などはいずれも不調、シノギにならず、IT、ネット、貧困ビジネス、振り込め詐欺など新手のシノギは行き詰まるか、さらなる新手法を発見できない。そのため覚醒剤の密売や管理売春、裏カジノ、公的給付金の騙し取りなど、伝統型シノギに回帰せざるを得ない。

警察白書は前記の通り伝統型シノギの検挙人員が低下としているが、現場の組員にいわせれば、伝統型しかシノギがない現実がある。警察の検挙率と組員のそこでの実働は必ずしもパラレルな関係にはない。

山口組系で経済ヤクザ型の中堅組長が明言する。

「今最も新しいシノギはオランダのカジノに日本の客を（ネット上で）送り込む携帯サイトの運営だ。客の負け金をカジノ側と折半して、十分利益が出る。しかも胴元が向こうで、カネの授受も向こうだから、日本では罰しようがない。

このシノギのミソは、ネットでどういう手を使って、客に海外送金させるかだが、わしがこう言ったところで、考えてみようとするヤクザはほとんどいない。ヤクザは人生をサボりすぎてきた。才能あるヤクザはいずれ組織から飛び出ていくだろうから、早晩ヤクザは単に仕事嫌いのおっさんたちの団体になります」

そうとう辛辣《しんらつ》な意見だが、一概に否定できない予想でもあろう。もちろんこういった山口組でも「いつか本家の直系組長に」「いつか若頭補佐に」と昇進を願う多くの系列組員がいる。出世すれば出るカネも増えるが、入るカネのケタがちがう。文字通りカネが湧き出す……と彼らは考えるわけだが、逆に出世を望まない組員、直系組長になったものの、自発的に引退する組員もいる。

関西の三次団体組長が断言する。

「直参になれば、(総本部詰めで)週に三日も五日も体を取られる(拘束される)。その間シノギができず、シノギが減る。その上、水(本部が営む日用品販売)を買わされる。やってはならないという規則が増える。警察に今まで以上に目ェつけられる。しかも月の出もの(会費)が増える。ええことなんか何もあらへん。

それでも直参になりたいいうんなら、四〇代まで。五〇以上はみんな年寄り扱いで、組から放り出される。とにかくカネヅルを掴むこと。カネを上の人に運んで、お上手《じょうず》すること。特に弘道会とええ仲の幹部に目ェかけてもらうこと。間違っても五代目・渡辺芳則組長時代の系列とは交わらんこと。長期の刑は絶対受けへんこと。上が喧嘩《けんか》してはならんいうんやから、抗争で功績上げても出世にならへん。だいたい抗争そのものが禁止されとるんや」

食われる暴力団

実際に「喧嘩するな」、「抗争するな」は山口組に限らず、たいていの組の基本指針である。現に二〇〇九年の抗争事件はわずか一件、二人が死傷したのみである。なお抗争とは組と組とが暴力を使って争う戦いである。

抗争に参加して一般人や警察を誤射、ないし流れ弾で被弾させようものなら、民法の「使用者責任」で組織のトップが巨額の損害賠償を支払わなければならなくなる。加えて仮に三次団体の組員が犯した誤射なら、三次団体の組長ばかりか、上の二次団体組長まで引退といった詰め腹を切らされる。損害賠償はカネで済み、トップが服役することはないのだが、とにかく暴力団が抗争を忌避すること、並みのレベルではない。

たとえば兵庫県下のある歓楽街で、山口組系の組員二人が客引きの若い男五人に殴る蹴るの暴行を受けた。組員としては当然、口惜しい。だいたい客引き風情《ふぜい》になめられ放しなら、その後シノギができない。

仕返しをしなければと組事務所に飛び込み、他の組員ともども金属バットやヌンチャク、包丁を持って現場に取って返そうとすると、組のナンバーツーが「絶対やるな。殴られたら殴られ放しで帰ってくる。それで正解だ。仕返しして、もし親分が謹慎など、上から処分を受けてもいいのか」と立ちはだかったという。

殴られた組員二人は歯がみして悔しがり、「仕返しできんようなヤクザなら、ヤクザやってる価値なんかあらへん」と親分にもらった盃を叩き割って組を出たと伝えられる。

一事が万事この調子で、実際に暴力団組員は喧嘩できない。そのため東京では早くも暴力団を食う半グレ集団ができたという。

この場合「半グレ」とは暴力団に籍を置かないが、やることはヤクザ以上にえげつない半カタギの悪《わる》たちを指す。もっとも半グレ集団の中には各組を絶縁、破門、所払いになった元組員も入れている組織もあるようだ。

暴力団と警察、両方にパイプを通じる東京の事業家が新現象を紹介する。

「半グレ集団は相手が暴力団と知った上、あえて組員に喧嘩を吹っ掛ける。組員が一家名乗りして、殴ってくれようものなら、それでサンキューです。逆ネジを食わせて暴力団からカネを引っ張る。暴力団は警察に被害届を出さないというか、体面上、出せない。だから半グレは安心して暴力団を食えるわけだ」

歴史は繰り返すのか

事態はここまで来ている。暴力団は泣きっ面《つら》にハチである。暴力団の専権事項であるはずの野球賭博でも、今はバカバカしくてやれないとハナから触ろうとしない暴力団は少なくない。

かつて野球賭博で名を売った関西の元組長が言う。

「たとえば巨人—阪神戦で客が巨人の勝ちに賭けた、と。今は携帯で申し込む。この場合、巨人が負けても賭け金は払ってもらわなければならない。こっちは阪神に賭けた客の方に勝ち金を払わなければならないんだから。

ところが賭け金の後払いをいいことに、横着する客が少なくない。こっちが払えと強く請求すると、警察に駆け込む。賭博は違法だ、違法の賭博の賭け金は払わなくていいという理屈だ。往生《おうじょう》する。向こうが警察に駆け込んだ時点で、こっちは泣き寝入り。だから野球賭博なんか、もうやってられない。やれば損するだけ」

とはいえ、暴力団が毎度、被害者であるはずがない。

元力士の古市満朝被告が琴光喜から三五〇〇万円を恐喝した事件では、同席した暴力団の組員三人も追加で逮捕されたが、彼らは名刺を切らず、組員とも名乗らず、ろくに口もきかずに、それらしい雰囲気だけで琴光喜を畏怖させ、古市の恐喝を成功させている。

名刺を切らず、組員とも名乗らなかったのは暴力団対策法の適用を逃れるためだが、反面、暴力団のシノギは暴力団と知られてナンボが基本である。組員として相手を畏怖させることがカネを生む。そのため暴力団組員風の暗示や、第三者のうわさ話だけで目的を達する場合がある。暴力団は一家名乗りしなくとも、いわばそこにいるだけで一般人を畏怖させる存在である。

だが、前記の通り、そうした事情を知悉《ちしつ》した上、逆手《さかて》に取るグレーゾーンの半グレたちが登場した。戦後はびこった不良学生などから成る愚連隊は戦前から続く博徒やテキ屋組織を食い物にしたが、そろそろ同じ歴史が繰り返されるのかもしれない。

暴力団は山口組を典型として、いわば発展し尽くしたのかもしれない。以降は暴力団と名乗らず、警察も暴力団と認定せず、暴対法で暴力団指定もできない、半グレという新種の「マフィア」が大手《おおで》を振って跋扈《ばっこ》していくのかもしれない。

第四章　半グレ集団のシノギ——原点にヤミ金があった

半グレの源流

二〇〇三年前後、「ヤミ金」は大きな社会問題になった。主に「ヤミ金」を手掛けたのは山口組系五菱会《ごりょうかい》（現清水一家、総長・高木康男）で、最盛期には全国に二七系列、一〇〇〇店舗を展開し、年間数千億円の収益を上げていた。

そのころ生活苦による自殺者は一日二一人に上るといわれたが、自殺者の何割かはヤミ金の執拗《しつよう》で暴力的な取り立てのため自殺に追い込まれた債務者だったにちがいない。

五菱会のヤミ金が半グレ集団のシノギと、荒廃した収奪性の原点になったと筆者は考えている。どうしてか。追々記していきたいが、一〇〇〇店もの拠点には当然、店長も営業部員もいた。一店当たり三〜四人の人員を擁したのなら、総勢で三〇〇〇〜四〇〇〇人がヤミ金に従事し、いやおうなく商売のノウハウやコツ、弱い債務者への「追い込み」を学んだはずである。

店長や営業部員は大半が組員ではなかった。彼らは五菱会の組員からヤミ金の店員になったのではなく、ふつうの若者が店長や営業部員になった。

〇三年当時、元店員たちはネットに記している。

「ヤミ金グループはどこで人を集めたかというと、ふつうのアルバイト雑誌である。高給に釣られ、アルバイト感覚で面接に行って働いてみたら、そこはヤミ金だった……。その辺のアンちゃんが店員になった」

五菱会側にも堅気の若者を店員にする必然性があった。

「たしかにうまい手で、元手が一〇〇〇万円あれば、若い衆一〇人に一〇〇万円ずつ渡して、ヤミ金をやらせられる。ヤミ金ではオフィスが要らない。携帯電話さえあれば、木賃《もくちん》アパートで構わない（「090《ゼロキユーゼロ》金融」という。小規模で無店舗、無登録の業者）。

今はヤクザもシノギがないが、ヤミ金なら『これで食え』といえる。おまけに半カタギの若い者を社員に使えば、放免祝いや葬式など義理ごとのとき、全員に動員を掛け、『こいつら全部俺の若い衆だ』って見栄も張れるし、勢威も示せる。しかも儲けの何割かを毎月俺に上納しろとやれば、上に立つ者の立派なシノギになる」（暴力団系ヤミ金の元関係者）

ヤミ金経営は暴力団のシノギにもなったし、その虚栄心も満たせた。堅気の若者たちはヤミ金に就職することで、現実社会でカネがどう流れるのか、理屈や大義名分の立てようで借金苦の貧者からもカネを搾り取れること——などを学んだにちがいない。

三〇〇〇～四〇〇〇人もの店員たちは五菱会のヤミ金が崩壊した後、その何割かがヤミ金同様、資本がほとんど要らない収奪型の稼ぎ＝シノギを模索し、それに行き着いた。その典型がオレオレ詐欺、振り込め詐欺である。

筆者は〇三年、振り込め詐欺を主宰する若者に会ったが、彼はこう語っていた。

「ヤミ金をやってましたが、客にカネを貸しても返さない時代になって、それなら貸してもいないカネを請求して、取ってやろうとなったわけ。ヤミ金からこの道に入った者は多く、いわば振り込め詐欺はヤミ金の進化形なんです」

ヤミ金は若者の心に世間を見くびる気持ちを加え、その心から貧者や高齢者に対する理解や同情心を差し引いた。ヤミ金がその後、半グレ集団のシノギを拡大し、肥大させる土壌になったことは間違いない。

五代目体制下の寵愛

では、大本となった五菱会のヤミ金とはどのようなものだったのか、以下に記そう。

「ヤミ金の帝王」とされる山口組系五菱会の元幹部、梶山進（事件当時、五三歳）が〇三年八月一一日、警視庁に出頭し、出資法違反（高金利）容疑で逮捕された。同日、警視庁や広島、愛知県警などから成る合同捜査本部は静岡市清水庵原町《いはらちょう》の五菱会本部や、焼津市の五菱会会長・高木康男（同、五四歳）の自宅など四ヵ所を家宅捜索した。

ヤミ金と五菱会が密接に関係していることはたしかだが、果たしてヤミ金の真の司令塔は梶山進だったのか。ヤミ金と山口組本家はどうつながっていたのか。

当時、山口組本家は五代目で、組長・渡辺芳則をトップに、全国一一〇人余の直系組長を統率していた。五菱会の名が五代目の「五」と山口組の代紋である菱形の「菱」を組み合わせたものであることは容易に察しがつく。

事実、五菱会は〇二年一〇月、美尾組（静岡）組長・美尾尚利（同、五九歳）が病気引退したのに伴い、美尾組の若頭だった高木康男（当時は陣内唯孝と名乗る）が組織名を五菱会と改めたうえ直系組長に取り立てられた組で、会の命名は渡辺芳則本人による。

「五代目山口組には渡辺組長の命名による直系組がいくつかあった。芳菱会（静岡、滝澤孝総長、國領屋下垂《しもだれ》一家から改称）、臥龍会（大阪、新規命名）などだが、こうした直々の命名は渡辺組長から大事にされた証拠だ。芳菱会・滝澤孝総長は山口組本家の若頭補佐だったし、臥龍会の初代・金澤膺一会長は渡辺五代目の組長秘書をつとめた。直接命名の組は、組の当代が病死や引退で代替わりすることになっても、渡辺組長が君臨しているかぎり、組が取りつぶされたり、組名が消えたりすることはない。

ヤミ金は自殺者まで出る社会問題になった。しかもヤミ金は五菱会だけのことで、山口組のほかの組で組織としてヤミ金に取り組んだところはない。もちろん系列が違う稲川会や住吉会でも手掛けていない。最初は五菱会だけの独自のシノギだったといっていい。

これだけ社会問題になった以上、ふつうなら組は解散、取りつぶしになる。山口組は案外世論に敏感だ。しかし五菱会にはヤミ金騒ぎの件でお咎《とが》めがなかった。そのぐらい五菱会は渡辺五代目に大事にされていた」（山口組本家に近い事業家）

清水次郎長の系譜

五菱会の前身、美尾組は組長・美尾尚利により創設された。美尾は静岡・由比町（現、静岡市）の生まれで、若いころ清水市（現、静岡市）に出て愚連隊になった。清水市は清水次郎長で知られる清水一家ゆかりの地で、美尾もその系譜に連なっていた。

が、一九六六年、清水一家は解散し、美尾は以後どこの広域団体にも属さない一本どっこで美尾組を結成・運営していたが、清水一家の復興を策し、八一年地元の稲川会系の組と抗争になった。このとき両組の間に入り、調停したのが山口組系黒澤組組長の黒澤明だった。美尾組も稲川会系の組も以後、清水一家の名を使わないというのが仲裁内容だったとされる。

この仲裁が縁になり、翌八二年美尾は黒澤組の舎弟になり、ここで初めて山口組の一角に連なった。美尾組は本拠の清水市のほか、静岡市や富士市、掛川市などにも進出し、勢力を急激に伸ばした。

八四年、竹中正久が山口組四代目を襲名したが、このとき黒澤が引退し、黒澤組は解散した。美尾組長はこれに伴い本家の直系若衆に引き立てられ、美尾組は山口組直系（二次団体）になった。

他方、後に五菱会を率いることになる高木康男は焼津市の出身で、若いころ稲川会系の組織に籍を置いた。が、その後組を辞めてカタギになり、倒産整理屋になった。

倒産整理屋は経済犯罪の総集版といってよく、商法や手形、金融などに通じている必要があるばかりか、整理屋の周りには街の金融業者や手形のパクリ屋、サルベージ屋、導入屋、紙屋（白地手形屋）、競売屋、バッタ屋など、その道のプロたちを蝟集《いしゅう》させ、互いに情報交換して連携プレーをするのが常態である。

「五菱」の由来

高木が経済のウラに通じ、ヤミ金を太い収益源に育てられた根元は倒産整理屋時代の経験にあったはずだ。

高木康男をよく知る地元静岡市の経済人が解説する。

「高木はこの倒産整理屋で財を蓄えた。彼が金融に通じているのは当然で、例のヤミ金のノウハウも大阪の日掛け金融をヒントにした、ヤミ金のベースは日掛けだ、ともいわれている。日掛けはカネを商店主などに貸して、毎日訪ねては金利を回収して歩く商売だ。

山口組の直系になった美尾は、当時五億円握ったといわれた高木のカネが魅力になり、自分の組に来ないかと誘った。高木にすれば、いったんヤクザから足を洗っている、今さらヤクザでもなかろうという気持ちだったが、美尾が熱心に口説くし、後に五菱会で本部長になる奥山慎太郎にも、組に入ってくれと日参された。

それで最初、組長代行という肩書で美尾組に入った。カネの力によるナンバーツーだ。このとき高木は経済専業で、ヤクザとして、ほとんど子分を持っていなかった。八九年、渡辺芳則が山口組の五代目を襲名し、美尾に目を掛けて組長秘書に登用した。組長秘書は直系組長の間から選ばれ、常時三〜四人いる。美尾は気性がすっきりした男で、誰からも好かれる。その上、高木の働きのせいで、山口組の中でもカネ払いがよかった。

当時、渡辺芳則はよく静岡に出てゴルフをしたり、東京で遊んだ。こういうときの経費はすべて地元の直系組長持ちで、渡辺には払わせない。高木も美尾と一緒に、あるいは美尾の名代で、よく渡辺を接待し、そうした席で芳菱会総長の滝澤孝(若頭補佐、顧問を経て〇九年引退)や同じく直系の後藤組組長・後藤忠政(その後本家の若頭補佐、富士宮市。現、引退)などと知り合い、彼らと五分のつき合いができるほどの顔になった。

なにしろ高木はカネを持っていたから(自分の仕事に追われず)身体が自由になる。上とのつき合いに念が入る道理だ。美尾組として義理掛けで五〇万、一〇〇万円と包まなければならない場合にも、高木が立て替え払いすることが多かった。もっとも袋の表書きには『美尾組　陣内(高木の別姓)』と書き、自分を売り込むことも忘れなかった。

そのうち美尾組の若頭が亡くなった。美尾は高木と盃をし直し、舎弟から若い衆に切り換えたうえ、高木を若頭に据えた。これまた格からいって、組内ナンバーツーだ。

高木はこれで自分の組づくりにいっそう力を入れ始めた。高木の出身地焼津には高木姓が多く、組の幹部には高木が何人もいた。区別がつかないので高木は陣内唯孝と名乗り、組の名を陣内組にしたわけだ。

美尾は九六年ごろ脳梗塞で倒れ、口は利けるものの半身不随になった。組長秘書の役は務まらず、山口組の中で美尾の影は年々薄くなった。一時美尾を引退させ、美尾組を解散、高木などの幹部は近隣の組が引き取る案さえ浮上していた。が、美尾は引退を肯《がえ》んぜず、身を引くか引かないかは渡辺芳則組長が決めることと突っ張っていた。が、その頑張りも二〇〇二年までで、〇二年一〇月山口組の定例会で正式に美尾の引退が決まった。

美尾組の後は高木が継ぐことになったが、二代目美尾組とは名乗らず、渡辺組長の意思で新たに五菱会の名を与えられたわけだ。高木にとって、もちろん二代目美尾組の名より五菱会の方がありがたかった」

赤ん坊に命名してもらうのでも礼金が必要である。まして組名では、といったところだが、直系引き立てと命名の礼金にいくら上納されたか、詳細は伝わっていない。

「サラリーマンヤクザ」たち

誕生後の五菱会は会長・高木康男以下、若頭・奥田邦治、舎弟頭・原野将宗、本部長・奥山慎太郎の体制で、実質的な組内ナンバーツーとされる梶山進の名はない。なぜなのか。静岡の経済人が解説を続ける。

「梶山は陣内組で副組長だったとされるが、ダミーだったのではないか。一時は焼津の高木会長宅で執事みたいな仕事をしていた。梶山は亀井静香代議士に献金したとか、俳優の清水健太郎や岡崎二朗、元横綱千代の富士の九重親方を引き連れ、銀座で飲んだとかいわれている。おそらく事実だろうが、だからといって梶山はヤミ金の帝王ではなかったし、梶山だけがヤミ金のシステムを考え出したわけじゃない。

基本は高木康男本人が思いつき、それに梶山など、周りの人間が知恵を集め、経験を積んで手を加え、今のシステムに仕上げたと見るべきだ。真のヤミ金帝王は高木康男本人と見てまちがいない」

この「高木会長ヤミ金帝王説」には根拠がないわけではない。まず合同捜査本部によると、梶山進が統括していたヤミ金グループは二七グループ、約一〇〇〇店あったとされるが、これらグループは五菱会の幹部を中心とする「暴力団グループ」と、梶山進の側近らが責任者をつとめる「舎弟系グループ」の二つに大別されていた。暴力団グループはうち約三割を占めるが、これらに対する指示・命令は梶山からではなく、高木康男自らが指示・命令を出していたという。

また五菱会は当時八〇の傘下《さんか》団体を抱え、組員の総数は六〇〇人以上、静岡県内だけに限っても約二〇〇人の組員がいたとされる。前記した通り、高木康男は倒産整理屋などの事業から美尾組に転じ、ほとんど配下に舎弟、若衆を抱えていなかった。短日月の間になぜこうも組の勢力を増大できたのか。

前出、静岡の経済人が証言を続ける。

「事件になる前、高木自身が言っていた。うちの若い衆は俺の子分にはちがいないが、同時にヤミ金会社の社員だって。若い衆はヤミ金から給料だか報酬が出るサラリーマンヤクザだ。ヤクザをやっていく以上、抱える若い衆は多い方がいい。だが、今は不景気でシノギがない。若い衆を増やすためにはシノギを与えて、食えるようにしてやる必要がある。ヤミ金店の社員や幹部にしてカネを投げてやれば、若い衆は食える。組員としての定着率も文句なく高まる。同時に若い衆から収益の一部を上納させるから、組もうるおう。ヤミ金は人集めとカネ集めを同時に果たせる。一挙両得だって、得意気に話してました」

五菱会の膨張とヤミ金の膨張は同じ現象の表裏にすぎなかったのかもしれない。

親分よりいい車に

ヤミ金は五菱会・高木康男のヤクザとしての必要性から生まれた。高木は実質的に傘下のヤミ金グループをコントロールし、多くの収益を吸い上げた。「ヤミ金の帝王」梶山進はダミー的な企業舎弟として高木を助けるとともに、傘下のヤミ金組織を統率し、ヤミ金の経営に専門化した。

梶山進は一九五〇年静岡県清水市に生まれ、中学卒業のころから暴力団の末端組員に連なった。一時、稲川会系の組長と知り合って、その組員になり、東京・新宿で梶山総研というヤミ金融を始めたともいわれる。

九七年梶山は稲川会系の組を脱退したが、脱退の仲介をしたのが中学時代から不良仲間だった高木康男だった。梶山は高木と一緒に美尾組組長・美尾尚利から誘いを受け、美尾組の若い者になった。その後美尾組が大きくなり、高木が美尾組の中に陣内組をつくると、梶山は陣内組の副組長になった。

〇二年美尾が病気で引退すると、美尾組の若頭だった高木康男が組織を受け継ぎ、五菱会と改称した。高木は押しも押されもしない山口組の直参（直系組長）の一人になったわけだが、梶山はそれを機に組を辞め、ヤミ金に専念したらしい。

〇三年七月、五菱会は静岡市清水庵原町の住宅地に三階建て、白亜の五菱会本部事務所を建て、それまでの美尾組事務所を取り壊して駐車場に変えた。会長の高木は美尾組の出ながら、美尾組色の払拭《ふっしょく》を急速に進めた。五菱会本部は神戸市灘区篠原本町の山口組総本部事務所より内部の設備が整っているとされるが、巨額の建築資金はヤミ金からの収益の一部でまかなわれたと見られる。

梶山進も〇三年七月、東京・新宿区の三八六平方メートルの土地（時価二億円とされる）に、三億円を投じて豪華和風の住宅を建てた。

「高木康男の凄いところは、仮に若い者に一億円の儲け仕事を振ったとして、うち六割を俺のところに持ってこい、残り四割はお前の勝手にしろと、四割、四〇〇〇万円のカネについては若い者が何に使おうと、絶対文句をいわない点だ。

ふつうの親分ではこうはいかない。一〇割まるまる取って、その中から若い者にこづかい程度を渡すだけ。しかもそのカネにも何々に使えと使途を限る。

五菱会では親分よりいい車に乗っている若い衆がごまんといる。梶山の豪邸だってこの類《たぐい》だ。高木は、若い者が俺よりいい家に住んでいるといった焼き餅は焼かないし、そういうことは一切口に出さない」（高木の人柄を熟知する金融業者）

高木康男本人が「ヤミ金の帝王」だった可能性もある。高木康男は山口組直系組織という威迫力を背景に、ヤミ金商売などを軌道に乗せた。おそらく直系組長一一〇人余の中でも経済性の点では異色中の異色である。

一〇日で七割も

ここでヤミ金のシステムについて、おおよそ触れておこう。

五菱会の行った貸金業は現在「ヤミ金」の名で括《くく》られ、なかば固有名詞になった感があるが、同様の貸金業はトイチ(一〇日で一割の利子といった意味のほか、東京都への登録番号が「東京都知事(1)第〇〇〇〇〇号」、つまり「都1」の新規登録業者)やシステム金融といわれた時期があった。

しかし〇三年ごろヤミ金の平均的な金利は一〇日に一割ではなく、一〇日に五割に変わっていた。トイチはトサン(年利一〇九五%)を経てトゴ(年利一八二五%)へとより高利化し、はなはだしい場合にはトナナ(一〇日で七割)も行われた。

しかもトゴは、たとえば客に四万円貸し付けたとすれば、金利の前払いとして二万円をその場で差し引き、実際には二万円しか客に渡さなかった。もちろんバカバカしいほどの高利であり、違法である。その上、書類代や審査代として、二万〜三万円の貸し付けなら、貸付金から二〇〇〇円くらいを差し引いた。

返済日に全額返済できない客は利息だけ払って返済を先延ばしにする。これをジャンプというが、ヤミ金業者は可能なかぎり客にジャンプさせようとした。たとえばトゴでの貸し付け額が額面四万円(客の実際の受け取り額は二万円)で四回ジャンプさせれば、八万円が業者に入る。しかも四万円貸し付けたという借用証は業者の手元に残されたままなのだ。元本は依然として客から返されていないことになる。

客も違法を承知し、あまりの高利に返済不能になるのではと危惧《きぐ》したはずだが、業者が貸し付ける金額は五万円程度、最高でも一〇万円が限度だったから、ヤミ金をあえて利用する多重債務者がいた。彼らはクレジットカード会社はもちろん、サラ金からも借りられず、しかたなしにヤミ金に走った。

ヤミ金業者は利用客を「ウソつき」「隙あらば踏み倒そうとする奴」などと侮蔑《ぶべつ》し、食いたい放題彼らを食い散らかした。

多重債務者を狙う

システム金融という言い方も当時使われていたが、これにもいくつか説がある。

五菱会の「ヤミ金」にも影響されて、都内に十数店システム金融の会社を抱える某は次のようにシステムを説明する。

「システム金融というのはレベルは低いもののパソコン利用のシステム運営だからだ。数年前、ある大手のサラ金が多重債務者リストを一人につきいくらという感じで売り出した。大手としては貸すに貸せない相手だから、リストを外に出したんだろう。わしらは名簿業者が新しいリストを出すたび手に入れ、そのリストをもとに多重債務者だろうとお構いなく貸す。

昔はリストをもとに『まだ借り出せますよ』と手紙を書いたものだが、今ではパソコンで出力して一斉にダイレクトメールも送るし、電話も掛ける。リストで生年月日、住所、勤め先なども把握できる。で、システム金融ってわけだ」

わざわざシステム金融と名乗るほど実体のあるものではない。木村裕二『ヤミ金融――実態と対策』(花伝社)によれば、「システム」と呼ばれる理由は、「同一グループ内の複数の店舗(「店」)で顧客情報を共有し、顧客を自転車操業に誘い込み、抜け出せないようにするという組織的・計画的な犯行形態からくるもの」という。

つまり業者がグルになり、A店の返済日になるとB店が貸し付け、B店の返済日になるとC店が貸し、を繰り返して、客を骨の髄までしゃぶり尽くす。最後に客はパンクするわけだが、それまで客は貸し付けのジャンプを繰り返して業者が実際に貸し付けた額の数十倍もの額を業者に支払っているから、業者としては痛痒《つうよう》を感じない仕掛けである。

五菱会は当初、主婦相手の金貸しから始め、その後ソープ嬢やソープ店の男性従業員に貸し付け、ついで「名簿屋」から買い集めた大量の多重債務者リストをもとに、多重債務者を主ターゲットにし始めた。

問題は多重債務者にカネを貸して商売になるかだろう。常識で考えれば、利息どころか貸した元金の回収さえ覚束《おぼつか》ない。

「そこがノウハウだ。貸すのは五万から、多くても一〇万円まで。それ以上は貸さない。利息は一〇日で一割なんてぬるいものじゃなく、一〇日で五割、トゴだ。おまけに貸した瞬間に金利が発生するという考えだから、その場で金利を前払いしてもらう。仮に四万円を手にした相手がこのカネの中から、サラ金の借金をわずかでも返そうと思うか。絶対そうは思わない。

ここがわしらのつけめだ。一〇〇万円を貸してトイチ、つまり一〇万円の利子を取

るというんじゃ、借り手はいない。これが人間の心理だから、最高貸し付け額が一〇万円ってわけだ」（前出の金融業者）

ヤミ金が多重債務者にカネを貸す真の狙いは多重債務者本人から返させるのはもちろん、多重債務者の周りからカネを取ることにある。だから彼らは最初に融資の申し込みを受けたとき、審査のためと称して、本人の姓名や電話番号、勤務先は当然のこととして、家族や親類の住所、電話番号、勤務先も聞き出す。

本来、カネを借りた本人以外の家族や親族、職場の同僚などに返済義務はないが、ヤミ金側は強引に「周りから取る」と借り手を脅し、借り手を集金マシーンに変える。

鬼畜の所業

ヤミ金の悪逆非道を社会に強く印象づけたのは大阪・八尾《やお》市のヤミ金三人心中事件だった。八尾市に住む主婦（当時、六九歳）、その夫（同、六一歳）、主婦の長兄（同、八一歳）という三人がヤミ金グループによる罵詈讒謗《ばりざんぼう》に追い立てられ、〇三年六月一四日未明、同市内のJR踏切近くの線路に丸く輪になってしゃがみ込み、電車にはねられて自殺した。

三人はわずか三万円を貸してほしいとヤミ金「アクセス」に申し込んだだけで、自殺を余儀なくされた。いかに理不尽なめちゃくちゃな貸し付けと取り立て理由だったか、被害者が自殺に至るまでのヤミ金とのやり取りを見てみよう（前出、木村『ヤミ金融』による）。

〇三年四月八日、「アクセス」は名目上の元本三万円から一週間分の利息一万五〇〇〇円と振り込み手数料四二〇円を天引きし、一万四五八〇円を被害者の口座に振り込んで貸し付けた（つまり七日で五割の利息。利息は前払い）。約定では、一週間後に利息一万五〇〇〇円を払い、さらにその一週間後に三万円を支払えば完済だった。

四月一五日、「アクセス」と同じグループのヤミ金「友&愛」は被害者に電話をかけて融資を持ち掛けた。被害者は「アクセス」の分を完済しようと思って、融資を受けることにした。「友&愛」は、名目上の元本四万円から一週間分の利息二万円、融資手数料及び振り込み手数料二四二〇円を天引きして一万七五八〇円を被害者の口座に振り込んで貸し付けた。約定では、一週間後に利息一万五〇〇〇円を振り込んで期間をさらに一週間延長するか、または一週間後に三万五〇〇〇円を支払って完済することもできる、としていた。

同日、被害者は「アクセス」に三万円を振り込み、完済しようとしたが、「アクセス」はこれを完済とは認めず、「いったん受け取ったのを返せませんよ。預かり金として預かっておきます。完済したら返します」などといって、さらに支払い要求を続けた。

四月二二日、被害者は「アクセス」に三万円、「友&愛」に一万五〇〇〇円を振り込んだ。

四月二八日、被害者は「友&愛」に五〇〇〇円を振り込んだが、約定の利息一万五〇〇〇円に満たないため、延滞料二〇〇〇円を支払うよう請求された。

四月三〇日、被害者は「アクセス」に一万五〇〇〇円を振り込んだ。

五月一日、被害者は「友&愛」に四月二八日の利息の残金及び延滞料として一万二〇〇〇円を振り込んだ。すると「友&愛」は、「こら、おばはん、延滞料払うんやったらすぐ次の日に払わんか。二九日が休みやから三〇日に振り込まなあかんやろ。迷惑かけてんぞ。すぐに迷惑料五万円を払え」「払わんかったら、〇〇（被害者が住む団地の向かいの住人）とこの息子ガタガタにしたるぞ」と脅した。被害者は、無関係の近隣住民に迷惑がかかることを恐れ、「友&愛」に五万円を振り込んだ。

五月六日、被害者は「アクセス」に一万五〇〇〇円を振り込んだ。「友&愛」には、支払期日が五月五日だったとして、「銀行休みやったら前の日に振り込まんかあ」などと因縁をつけられ、延滞料を加算して一万七〇〇〇円を振り込んだ。

五月一三日、被害者は「アクセス」に一万五〇〇〇円を振り込んだ。

五月一六日、被害者は「友&愛」に電話をかけ、「これ以上払えといわれたら死ぬしかありません。今回の分は振り込みますので、なんとか許して下さい」と懇願した。「友&愛」は、「お前が金返せへんことを団地中に電話して、そこに住めないようにしてしまうぞ。金払われないんやったら死ね」などと被害者を脅した。

五月一九日、被害者は「友&愛」に一万七〇〇〇円を振り込んだ。

五月二〇日、被害者は「アクセス」に三万円を振り込んだ。

五月二一日、被害者は八尾警察に相談に行った。八尾警察署員はこのヤミ金融グループに電話をかけて「もうこんだけ払ってるから金は取らんでいいやろ」などと警告した。「アクセス」は被害者が警察に相談したことに腹を立て、「何警察行っとるんや。金借りてるやろ。返さんか。振り込めへんやったらどうなっても知らんぞ。絶対に完済させへんからな」などと脅した。

五月二六日、被害者は「友&愛」に一万七〇〇〇円を振り込んだ。

五月二七日、被害者は「アクセス」に一万五〇〇〇円を振り込んだ。

五月三〇日、被害者は「アクセス」に電話をかけ「もう払えません。今まで一五万円払ったでしょ。もう完済にして下さい。もう許して下さい」と頼んだ。「アクセス」は、「おばはん、ちゃんと振り込めよ。絶対完済させへんと言うたやろ」と怒鳴《どな》った。

六月二日、被害者は「友&愛」に一万七〇〇〇円を振り込んだ。

六月三日、「アクセス」は、わざと被害者の向かいに住む〇〇方に電話して被害者を呼び出した上、「団地中に電話して、金返さないから代わって払えやと電話しまくるぞ。金払われないのやったら死んでみろ」と脅した。

六月四日、被害者は「友&愛」に二万円を振り込んだ。

六月一四日、被害者の主婦は昼夜を問わない取り立てに苦しみ、「毎晩、毎晩、電話に怯《おび》えています」「苦しみ抜いたあげく死をえらびました」との遺書を残し、夫、兄と一緒に前記の通り鉄道自殺した——。

思わず「ヤミ金社員は鬼畜だ。人間じゃない」と叫び出したくなる悪辣《あくらつ》さである。自殺した三人の無知と弱腰も歯がゆいが、なぜたかだか三万二一六〇円を振り込んだだけで、盗《ぬす》っ人《と》猛々《たけだけ》しく被害者に「カネ返せ」「絶対完済させへんど」と電話で二ヵ月近く怒鳴れるのか。たとえ彼らが極刑になっても、哀れに思う人はいないだろう。

実被害は三〇〇〇億円にも

「アクセス」や「友&愛」などを傘下に置く統括者の亀井浩次（二〇〇八年一一月逮捕、逮捕時、四一歳）は二〇〇〇年五月ごろ東京・練馬区を拠点に貸金業を始めたとされる。〇四年六月ごろには沖縄・那覇市を拠点に七グループを抱える全国組織に拡大させた。同時期に亀井と側近だけで構成する「センター」を開設、ここで顧客情報や各グループの資金状態、活動実績などを管理したという。亀井傘下の各グループはまた多重債務者名簿をもとに債務者に集中的に電話して営業していた。彼らは全国約五万八〇〇〇人から約五〇億円を取り立てたと見られている。

センターの開設や多重債務者名簿の利用など、五菱会のヤミ金と共通した手法であり、さらに同グループの債務者が五菱会系傘下の約一〇〇社の債務者と重なることから、同グループと五菱会系との間には関連性が多いとされる。

亀井浩次は事件後逃亡して指名手配され、亀井を東京・港区のマンションで匿《かくま》った女性（当時、二五歳）ともども逮捕された。また幹部の川口高弘（逮捕時、三五歳）はルーマニアに逃亡したが、後に大阪府警に逮捕されている。同グループではほかに五六人が摘発され、統括者の亀井浩次は出資法違反（高金利）などの罪に問われ、大阪地裁で一〇年八月、懲役五年六月、罰金一〇〇〇万円の実刑判決を言い渡された。

「ヤミ金の帝王」梶山進が〇三年八月に逮捕されたことは前に述べた。梶山逮捕により、それまで個々の店舗を相手に悪戦苦闘していた被害者や弁護士は、ヤミ金組織の全容を初めて知ることになった。

梶山を頂点に、執行部―社長―ブロック長（統括）―店長―従業員というラインでヤミ金は被害者の生き血を吸っていた。

梶山らは数千億円の収益を上げたといわれるが、その全容は分からず、わずかに国内では二億円相当の米ドル札が押収され、スイス当局が約五一億円相当の預金を凍結したにすぎない。

また五菱会系傘下のヤミ金融グループ「TO」社長・松崎敏和（逮捕時、三四歳）はピーク時二二店を抱え、〇二年秋までの三年半に全国の客から約一三〇の口座に九十数億円を振り込ませていた。だが「TO」の関係先で押収した現金は約三八〇〇万円にとどまる。大半のカネは消失、行方を確認できなかった。

五菱会から山口組本家にいくら上納されたかも解明されず、わずかに五菱会会長・高木康男が〇一年七月から〇三年四月にかけて、梶山から約五〇〇〇万円相当の金融債券を数回にわたって受け取ったことが判明しただけである。合同捜査本部は高木を組織的犯罪処罰法違反容疑で逮捕した。

梶山の逮捕当時、ヤミ金事件の被害者は全国に二八万八〇〇〇人、被害総額は分かっているだけでも三三三億円、実被害はその一〇倍以上に及ぶと見られていた。

第五章　振り込め詐欺——技術進化する半グレ集団

ゾンビを撃ち殺すが如く

前章で八尾ヤミ金事件のヤミ金社員がどのように電話で被害者を追い詰めていったかを見た。彼らは金の貸し付けにも返済にも銀行振り込みを使い、融資の勧誘や支払いの強要にも電話を使って、顧客と直接面談し、交渉することがいっさいなかった。社員たちは、米軍の基地にいてデスクの前に座り、無人飛行機を攻撃地に飛ばし、機に備えたカメラでとらえた映像をモニター画面で見ながら爆弾を投下する海兵隊員に似ている。ヤミ金の営業部員、取り立て要員は顧客に直接的には接触しないことで、顧客=被害者の自殺に至るまでの苦悩を感知せず、どこまでも非情でいられる。

彼らは電話線を通して伝わる被害者の音声に接するだけである。ちょうどゲームの「バイオハザード」でゾンビを次々撃ち殺すように、顧客を次々ヤミ金地獄に落とし込んでいく。そのことにサド的な快感さえ覚えているのかもしれない。

筆者が接したヤミ金社員や振り込め詐欺の主宰者たちはいずれも二〇代、三〇代であり、ゲーム世代といえよう。物言いは共通して静かで、ヤクザ風の片鱗《へんりん》もなく、知的な雰囲気さえ漂わせる。仮に彼らが一般企業の社員と名乗っても通用するだろうし、仕事ができそうな印象さえある。

そういう者たちが平然と半グレのシノギをこなす。多重債務者や老齢の者など、社会的弱者のなけなしのカネを奪って恥じない。

八尾のヤミ金事件にも窺《うかが》えるが、ヤミ金社員たちはいかに少なく客に貸し付け、それを名分に、いかに多くのカネを客から奪い取るか、ゲームのように競っていた。そこでは貸金業法とか、定まった金利という考えさえ吹き飛んでいる。弱肉強食社会の歯止めなき弱い者いじめである。

あるヤミ金社員はこう語ったという（読売新聞社会部『ヤミ金融』中央公論新社による）。

「周りが楽しんでやっているから、最初は罪悪感があっても消えていく。相手がおばあちゃんだとかかわいそうだなと思うこともあるが、やっぱ貸した金だから」

またヤミ金会社で「統括」（店長の上。数店を管理する）まで行った元社員は言う。

「俺だって最初は客を破滅に追い込むのがつらい時期があった。でもダメなんだな。ずっと客を人とも思わない生活を続けてると、どうしてもその感覚に慣れちまう。闇金を始めて数カ月もたてば、情け容赦ない闇金業者の一丁あがりだ」（金原猛『闇金裏物語――俺たちの手口を教えよう』バジリコ）

ヤミ金の末路

総じてヤミ金の店長や社員たちは高給を稼いでいた。初任給こそ固定給で二〇万円程度だが、ほどなく月給五〇万円にはなる。店長になると、店で上げた利益の約三割が支給される。平均的な店で月の売り上げが三〇〇〇万円、人件費や諸経費を引いて利益が一〇〇〇万円、その三割三〇〇万円が店長の月収になる。しかも店長には車代や家賃、携帯電話の通話料が会社の経費として認められるほか、店では禁じられていることだが、優良客には店を通さず、個人でカネを貸し、べらぼうな金利を独り占めできた。

当時、池袋や新宿、銀座などのキャバクラやクラブの上客はヤミ金の幹部や店長クラスと決まったようなものだった。彼らは一晩で二〇万、三〇万円と使って平然としていた。

しかしヤミ金が大きく社会問題化すると、彼らがむさぼってきた領域は急速に狭《せば》められていった。

最高裁は二〇〇八年六月、ヤミ金は反倫理的不法行為の加害者であり、彼らが犯罪の手段として顧客に渡した元金は不法原因給付に当たるから、顧客に返還するよう請求できないと判決した。総じてヤミ金による超高利の貸し付けは公序良俗に反して無効であり、ヤミ金融は貸金として利息はもとより、元金も返還請求できないとなった。

警察も当初は、ヤミ金被害者が相談に訪れると、「やっぱり借りたものは返さなければ……」など、被害者をさとす場合が多かったが、その後方針を変えた。警察庁のヤミ金対応マニュアルには「悪質なヤミ金融相談に対しては、『借りたものは返しなさい』『せめて元本だけは返した方が良い』などの対応をしないことはもとより、同様の趣旨ととられかねないような言動についても厳に慎むこと」と記されている。

従来、警察は民事不介入を原則としたが、ことヤミ金に限っては「違法な取り立てを直ちに中止するように、電話による警告等を積極的に行う」など、介入できるよう変身した。

だからこそ振り込め詐欺の主宰者が「ヤミ金は客にカネを貸しても返さない時代になった。そういうことなら貸してもいないカネを請求して、取ってやろうとなったわけ」とうそぶくのは、こうしたヤミ金を取り巻く環境の厳格化を背景としている。

「薄く広く」から「でっち上げ」に

「振り込め詐欺」は〇四年一二月、警察庁がそれまでオレオレ詐欺、架空請求詐欺、融資保証金詐欺などと呼んでいた詐欺の統一名称として採用を決めている。しかし同種の事件が多発して社会の注目を集めた〇三年以降も、さまざまな変種や態様が現れ、被害を拡大し続けた。

『平成二一年版警察白書』は「日常生活を脅かす犯罪への取組み」として振り込め詐欺を取り上げている。

「振り込め詐欺（恐喝）の被害は、平成一五年夏ころから目立ち始め、一六年に、認知件数は約二万五七〇〇件、被害総額は約二八四億円とピークに達した。その後、認知件数は漸減傾向を示していたが、被害総額については毎年二五〇億円以上の被害が発生し、ほぼ横ばいの状況であった。二〇年は認知件数、被害総額とも増加に転じ、認知件数は約二万五〇〇〇件、被害総額は約二七六億円と一六年に次ぐ被害が発生しており、依然として深刻な状況にある」

〇八年（平成二〇年）中の振り込め詐欺の検挙件数は四四〇〇件、検挙人員は六九九人。〇四年中の検挙率は五・一％だったが、〇八年中の検挙率は二一・五％にまで向上した。しかし、振り込め詐欺の捜査には匿名性、広域性、犯行グループの組織性などの課題があり、刑法犯全体の検挙率（三一・五％）と比べると低いとしている。

振り込め詐欺グループは当初、高齢者を狙って電話をかけ、「オレ、オレ」と名乗って、子や孫だと錯覚させる。その上で交通事故を起こした、会社のカネを使い込んだ、電車内で痴漢し、駅員の前に突き出された、同僚の借金の保証人になり、同僚がパンクして肩代わりで返済しなければならなくなった、女性を妊娠させ、手術代と慰謝料を払わなければならなくなった——など、さまざまに困難な情況をこしらえ、緊急にカネが要ると訴えて、高齢者をして特定の口座にカネを振り込ませた。

彼らがこしらえる「苦境」は多種多様な亜種を生み出した。また「オレ」と名乗る当人以外に警察官や被害者、弁護士、救急隊員など、各種の役を演じる人物が入れ替わり立ち替わり電話口に出て、ターゲットの高齢者にいかに振り込みを急がなければならないか、切迫感を煽り立てる役割を果たす場合もあった。

さらに高齢者が確認のため本人に直接電話するのを阻むため、事前に本人と偽って「携帯の電話番号が替わったから控えておいて」とターゲットに電話したり、本人の電話を話し中にしたり、いたずら電話を集中して本人に携帯電話の電源を切らせたり、ありとあらゆる妨害工作を行った。

オレオレ詐欺の多発で銀行ATMでの振り込みに行員や警察官の立ち会いがつくようになると、彼らは警察官や弁護士と偽り、ターゲットの家を訪ねて、直接現金を受け取ったり、また宅配便やバイク便を利用したり、被害者への対応とカネの受け取り法を変えた。

狙われるのはケータイサイト

振り込め詐欺はほぼ一〇年近く警察に警戒され、マスコミに大騒ぎされながら、沈静化せず、今では韓国や中国にまで飛び火している。

たいがいの人はそれなりに振り込め詐欺について知識を持ち、「業者にカネを振り込む奴がバカ、自分なら絶対にだまされない」と思っているはずだが、振り込め詐欺をする側はそうは思っていない。

ヤミ金から振り込め詐欺に転じた男はこう言う。

「ぼく自身はこれまでオレオレ詐欺に手を出したことはないけど、オレオレ詐欺だってまだまだできる。こっちの話を信じ込む人がいるんだし、こっちはまた相手が信じ込むよう話を持っていくんだから。現に今もって旧型のハガキによる架空請求商売だって成立している。

振り込む人間がバカなんじゃない。我々のやり方がうまいんだから、どうしようもない。架空請求の手口は一月ごとに進化してるんです」

この男の詐欺グループは五人で、月商二億円を上げている。都内に事務所を持ち、振り込ませ用の銀行口座や、請求に使うトバシのケータイ（他人名義契約の携帯電話。ふつう一ヵ月程度で使い捨て。違法）、あるいはプリペイド式の携帯電話、顧客リストの仕入れなど、いくぶんか経費はかかるが、それでも月経費は一〇〇万円程度、売り上げの九割方は利益になるという。

仲間というか社員には、その者がその月カモにしたターゲットに振り込ませた額の一〇%、平均月二〇〇万円ほどを支払っているが、主宰するこの男自身はここ二年弱で一〇億円は稼いだという。

男は中肉中背、割にイケメンで、高級そうなスーツできちっと決めている。関西弁ではなく標準語を話し、外見からは架空請求屋のボスとはとうてい想像がつかない。

架空請求屋は足がつかないようトバシのケータイやプリペイド式携帯を使って請求し、これまた足がつかないよう偽名の銀行口座にカネを振り込ませる。彼らは具体的にどう商売を進めているのか。

まず誰に請求するのか。請求のもとになるのは名簿である。架空請求屋にとって「名簿は命」だと主宰者は言う。彼らのグループはもっぱらアダルトサイトにアクセスした者たちに電話し、利用料名目でカネを振り込ませていた。

「名簿屋の売る名簿は勝手に利用の日付を変えたりしてるから、まず信用できない。安ければ一人当たり一〇円、高ければ三〇〇〇円につく名簿も出ている。だけど高くてもカス名簿はあるわけで、出回ってる名簿はほとんど買わない。

知り合いのアダルトサイトの運営者から買ったり、システム構築会社の管理職的な人間をカネで抱き込んだりして、手に入れてます。サイトをハッキングできれば一番早いけど、実際にはハッキングのケースは少ない。

ネタとしていいのはやはりケータイ用のアダルトサイト利用者です。たまには芸能人のファンクラブを装って『あなたが当選、先着何名様にかぎりプラズマテレビが当たる』とかウソついて名簿をつくったり、自治体のお知らせハガキを真似て年金未納名目で請求したりとか、名簿の種類、種類で請求の形も名目も変わってくるわけ」

トバシのケータイの手口

相手がアダルトサイト利用者の場合、あくまでも中立的な第三者機関を装うことが基本という。

「うちでは債権管理組合を名乗ることが多いんですけど、決して『払え』とはいわない。相手をびびらせることもしない。あくまでももの柔らかに『早めに処理した方がお得ですが、どうしますか。うちはどちらでもいいんですよ』と採る道を相手に選ばせるトークです。なまじびびらせると、相手が反撃して言い合いになっておしまいになる」

振り込め詐欺の名目はなんでもいい。この男の場合は時にアダルトサイトを利用するような若い男をターゲットに据える。請求に使うトバシのケータイは一ヵ月の利用保証で三万円ぐらい。もちろん利用料は最初から払う気がなく、一ヵ月使い放題で三万円という感覚である。電話会社側が気づき使用差し止めになるか、なる寸前で捨てる。

カモからの振り込み金を受け入れる偽名や架空の口座はネットバンキング登録つきで一口座五万円ぐらいで買う。またグループによってはトバシの携帯や銀行口座は東京、大阪、横浜などのドヤ街の住人にカネを渡してつくらせ、それを買い取る形で調達する。携帯の場合、もちろん利用料は払わず（ドヤ街の住人も払わず）、一ヵ月の使い捨てである。

「ケータイも架空口座もインターネットで売ってるような奴には手を出しません。ネットは詐欺だらけで、信用できない。取引が長い信用できる業者から仕入れてます」

足がつかない引き下ろし係

詐欺の仕事は朝八時半に事務所に集合して開始する。

「まずやるのは銀行口座がまだ生きてるか、確認の作業です。これはパソコンでネットバンキングにログインすることで確かめます。以前はトバシのＡｉｒＨ"（エアーエッジ）など無線のカードを取りつけ、足跡を残さないようにしてましたけど、今は迂回ルートを使ってアクセスするか、出し子（後出）を使って口座に直接二〇〇〇円ぐらい入金させ、それで口座の生き死にを判断する。

口座に入金があれば、すぐ引き下ろし、別のもっと安全な口座に移したりする。犯行がばれるとすれば、銀行からだから、可能なかぎり用心してます。

その後九時から三時まで、銀行が開いている時間は全員で架空請求の電話をケータイでかけまくる。銀行の営業時間中に電話するのは相手に考え直す時間を与えず、即時に振り込むよう誘導していくからです。その後、五時まで休み、夕方五時から八時までケータイを使って、次の日の朝一番で入金するようまた請求していく」

が、振り込まれたカネをネットバンキングで口座から口座に移す程度で安心しているわけではない。信用できるのは現金だから、別に出し子（銀行口座からの引き下ろし係）を用意している。

「出し子は一番危険です。銀行で下ろそうとコンビニで下ろそうと、つねに顔がモニターカメラで記録されている。だからたとえ警察に捕まっても、吐かない、罪を上に及ぼさないと信用できる人間を引き下ろし専門で雇っている。この人間に一回二〇万円ぐらいずつ、小口で何度も引き出させる。ぼくは一日一〇回ぐらい引き下ろし係にはケータイで指示を出してます。

出し子は絶対事務所には出入りさせない。完全に架空請求部隊とは切れた形にしてるし、出し子には引き下ろすだけで月一〇〇万円ぐらい給料を払ってます」

おそらく社外で主宰者は出し子に会い、その日の収入の受け渡しを行って、彼だけが知る場所と方法で積み立て、管理するのだろう。架空請求はどう転んでも刑法の詐欺か、電子計算機使用詐欺であり、一〇年以下の懲役に相当する。

「こっちが一回請求して、たとえば五万円振り込んでくる人間はそれだけじゃすまない。二回目は別の管理組合の名前で請求し、二〇万〜三〇万円、三回目は五〇万円以上を引っ張る。うちではだいたい一人合計二〇〇万円ぐらいでやめてます。それ以上一人から引くと警察が動く可能性がある。

騙されて振り込む人間は一〇回、二〇回と振り込み、一〇〇〇万円もやられる。それでなお自分を被害者だとは思ってないんだから、この商売はうまいわけです。取れる奴からは根こそぎ取る。

それも最初は『登録ありがとうございます』というお礼や、『今なら五日以内ですから三万円ですみますけど、明日になると残念ながら六万円になってしまいます』『このまま放置されておくと、業者は裁判に出るかも。そうなると別途一〇万円が請求されることになるでしょう』とかのトークで始めることなんです」

パチンコカモの落とし穴

架空請求商売は話術と駆け引きのみ。いい名簿と口が立つ人間が組み合わさると「一〇〇パーセント爆発する」という。入金に次ぐ入金で銀行口座が爆発するのだろうが、えてして余剰資金を持つ者はしゃぶられる。

この主宰者自身も今や余剰のカネを握って、さらなるブラックから身柄をさらわれ、身代金をもぎ取られることを恐れている。暴力団は可能なかぎり身辺に近づけたくない。たかられ、毟《むし》られることを恐れているからだ。

振り込め詐欺は多様な外見と名目を立てる。半グレたちの企画力は豊かというべきで、たとえば融資保証金詐欺がある。融資する気など根っからないにもかかわらず融資すると触れ込み、融資を申し込んできた者に保証金や手数料、交渉料などの名目で現金を特定の口座に振り込ませる。

還付金詐欺も同様で、税務署や自治体の役所などを偽装し、税金や医療費を還付するという名分でカモをATMに導き、実際は振り込ませる。

パチンコ攻略法も振り込め詐欺の一種である。過去はともかく、現在パチンコに特殊な攻略法は存在しない。だが、パチンコファンはパチンコになんとか勝ちたい。勝つために何か特別な攻略法があるのではないかと考えている。攻略会社はこうしたファンを引っ掛け、カモにしている。

どのように振り込め詐欺を行うのか。攻略会社は過去に何社もの名前で攻略法（もちろんインチキ攻略法）を売り出し、その顧客名簿を持っている。彼らは名簿をもとに、何食わぬ顔で電話する。

「パチンコ店のサクラをやりませんか。必ず儲かります」

ターゲットとなったパチンコファンが乗り気になると、攻略詐欺会社の社員は、いつ、何時ごろ、地域のなんという店の何番台に座って打つよう指示する。カモは社員の言葉を信用し、実際に出かけ、その通りに打つ。と、何万円か儲かる場合がある。もちろん偶然の勝利である。

社員はその日のうちに「出たでしょう。大当たりしていたほかの人間もみんなサクラなんですよ」と電話する。

もしカモが「いや、損した。儲かるなどと言って、ウソじゃないか」と文句をつけようものなら、「ほんとは儲かったのに割り戻ししたくないから、出なかったといってるんでしょ」と難癖をつける。サクラは儲かったら何パーセントか攻略詐欺会社に割り戻す決まりになっている場合が多いからだ。

社員は儲かった客に伝える。

「もっと情報を知りたければ、自分たちの会に登録して下さい。しかしこれまで入会していた攻略グループからは脱《ぬ》ける必要があります。退会手続きはこちらでするから手続き料や登録料を振り込んで下さい」

客はわずかな勝ちに舞い上がって、その気になり、数十万円から数百万円というカネを社員に教えられた口座に振り込む。が、ほどなく社員と連絡が取れなくなり、調べると、振り込み口座も解約されている。カモはようやく騙されたことに気づくという仕掛けである。

五つの戸籍を持つ男

元攻略会社の社員が解説する。

「攻略会社が詐欺をします。近年、攻略情報が売れなくなり、攻略会社は『サクラ募集』『打ち子募集』とスタイルを変えている。

『当社は全国的な規模でパチンコホールやメーカーとつながっている。店から依頼を受けて、より玉を出しているように見せるため打ち子（サクラ）を募集している。希望者にはその情報を提供する。登録料は一年間の契約で五〇万円、二年間なら一〇〇万円』

といった広告を出し、客を騙す。

情報は電話で『いつ、どこの店の何番台に座るように』と伝える。カモが指示通り出かけてパチンコすれば、ふつう通り、出たり出なかったりするだけ。

攻略会社は実質一社なのに色々な社名を名乗っている。だからそのカモがいくつかの攻略会社に入っていることも筒抜けだし、その前に攻略情報を買うほどパチンコにはまっていることも知っている。いきなり携帯に電話して、サクラになりませんかと勧誘をかけるのは当然のことです」

最近、筆者はこのパチンコ攻略がらみの振り込め詐欺会社の首謀者に会ったことがある。この男はそれに先立つ二年ほど前、彼の部下が独立して北陸方面で同じような詐欺会社をつくった際、独立を祝う意味もあり、元部下の会社に数百万円を出資した。

ところが元部下は振り込め詐欺で逮捕され、警察にこう供述したらしい。

「前に勤めていた会社の社長が私の会社の実質的なトップです。自分は社長の指示通りに動いただけ。主犯じゃない」

これでパチンコ詐欺会社の首謀者は元部下の会社が犯した詐欺事件の主犯として全

国に指名手配され、筆者が会ったときには逃走中だった。

「俺は出資しただけで、完全に濡れ衣だ。しかしいつまでも逃げていられないので、警察に出頭したい。ついては俺のために一所懸命に働いてくれる優秀な弁護士を探している。いい弁護士を知らないか。紹介してほしい」

知人を介して、こうした話が持ち込まれた。筆者はこのAに会って一通り話を聞いた。どう見てもAは三〇歳前で、彼の若さに驚いた。

会った折、Aは次のようなことも言った。

「詐欺なんか時効になるまで数年だろう。実は自首せず、逃げ切ろうかと考えるときもある。逃亡生活を送るぐらいのカネは握っている。戸籍も五つ持っている。当人から買った戸籍ばかりだ。警察の手が伸びそうになったら、いつでも別人になる」

筆者はウソだろうと思った。Aが中年ならともかく、Aと年格好が合う三〇前の男がおいそれ戸籍を売るはずがない、と。

Aは「それが売るのだ」と断言した。

「こっちがカネを貸し、ギリギリに縛った男は若くても簡単に戸籍を売る。もともとそいつはネットカフェや公園に沈んでるんだから、戸籍なんか必要じゃない。売れる物ならなんでも売るのが奴らだ」

貧困ビジネスに明らかなように、貧しく孤立している者は暴力団や半グレ集団にとって、十分食い物にできる資源である。貧しい者からは戸籍も調達できるし、トバシの携帯電話や銀行口座も調達できる。その他、生活保護の受給や寝場所、金貸しを世話する形で、彼らに支給され、渡されたカネの大半を巻き上げることも可能だ。貧者が高齢者なら、年金の横取りさえ狙える。

警察庁も認める革命的犯罪集団

振り込め詐欺を行う者にとって、トバシの携帯電話、他人名義の銀行口座、電話営業をかけるための各種名簿は三種の神器に等しい。これらは解雇や派遣切り、雇い止めされた若者たちから提供されるケースが多いから、二〇代、三〇代層はそれこそ肉食、草食動物に二分類されているのかもしれない。

〇七年九月、振り込め詐欺リーダーの戸田雅樹（当時、二九歳）が警視庁などの合同捜査本部に逮捕された。戸田は仲間うちからキングと呼ばれ、数人から成る詐欺グループを少なくとも六班組織し、〇五年一月から逮捕されるまでの二年半で被害者一〇〇〇人以上から計一九億円を騙し取ったという。

グループには有名私立大学の現役学生や、全国有数の進学校出身者など、エリートと見られる若者が加わっていた。

事件の捜査に当たった警視庁の幹部はNHKの取材にこう説明したという（NHK取材班『職業〝振り込め詐欺〟』ディスカヴァー・トゥエンティワン）。

「振り込め詐欺がはやり始めた頃っていうのは、元ヤミ金融の取り立て屋とか、暴走族あがりの不良とかがほとんどだったんだ。裏には暴力団の影もちらついていた。でも戸田のグループは違う。これまで犯罪とはまったく縁がなかったようなやつがグループにたくさん加わっているんだ。これまでとは違う、まったく新しい犯罪層が出現したんだ」

つまり堅気から犯罪者になる半グレ集団の人材源は暴走族ばかりではなく、ヤンキーやチーマー層（ヤミ金社員にはこの手が多かった）、そしてどこかで挫折したふつうの若者たち（振り込め詐欺グループなど）へと拡大した。

高度成長期やバブル経済期なら、オモテ社会がふつうの若者を喜んで正社員として迎え入れた。だが、就職氷河期が長引き、「非正社員」という用語が違和感なく通用する時代に変わった。ワーキングプア、ネットカフェ難民、若年ホームレス、それらの中から肉食動物と草食動物が生まれたと見ることもできよう。彼らの中の肉食系が半グレといっては言い過ぎだろうが、少なくとも半グレ系と思考や気質を一にしている。

——理屈は要らない、手段も問わない。世の中、カネを握った者が勝ちだ、貧しい者はカスであり、敗者だ、と。

〇八年六月、警察庁は振り込め詐欺対策室を発足させ、安藤隆春次長（当時、その後長官）が対策室長となった。安藤次長は対策会議の席で、

「振り込め詐欺は、匿名社会に身を潜めた犯行グループが、携帯電話や預金口座を利用して、被害者に面接することなく組織的に犯行を繰り返している、いわば、現代社会の利便性の盲点をついた犯罪であり、抜本的な取り組みなくして振り込め詐欺を撲滅することはできない。

二〇代から三〇代前半の若者を中心に構成された犯行グループによって、ビジネス

感覚で組織的に敢行されていることが窺われる、いわば、〝新たなタイプの犯罪組織〟による犯罪と言っても過言ではない」（前出『職業〝振り込め詐欺〟』）
たしかに〝新たなタイプの犯罪組織〟が半グレ集団なのだ。

第六章　弱者を食う仕事

カネなしからカネを毟る

半グレ集団のシノギは高齢者や多重債務者、生活保護受給者やワーキングプア、ネットカフェ難民やホームレスなど、社会的弱者を食うことを基本としている。

社会的弱者のほとんどは経済的に困窮している。カネを持っていない者をカネにするとはどういうことなのか。カネ持ちからカネを引き出すのは分かる。だが、カネなしからカネを引き出すとは具体的にどういうことを意味するのか。

半グレ集団が自覚しているか否かに関係なく、彼らのシノギは次のことを前提にして初めて成り立つ。

すなわち、どのように経済的に困窮している者でもおおよそ戸籍を持ち得る、住民票を持ち得る、自動車運転免許証を持ち得る、携帯電話を持ち得る、あるいは車の免許証や携帯電話を持てる資格や可能性を持っている、銀行口座や証券口座を開設する資格・権限を持ち得る、血液を持っている、その者が女性なら女性器を持っている、日本人なら日本国籍を持ち得る、医術的に移植可能な内臓を持っている……など。

半グレ集団は社会的弱者がわずかに所有するか、所有できる可能性や潜在性に着目して、彼らからそれを借り、奪い、利用し、転売することでカネに換える。弱者を追い込み、回復不能なまでのさらなる弱者に落とすことが彼らの利益につながるのだ。ヒトは食物連鎖の頂点に立つ。ヒトに天敵となる生き物は存在しないはずだが、実はいて、その天敵はある種のヒトである。半グレ集団もその手のヒトである、といえるかもしれない。

ホームレスを食う

具体例を見てみよう。

たとえば東京・池袋近くの裏通り。少し前まで地上げしていたが、資金が続かず、中断した空き地はコイン式の駐車場になっていた。だが、今はプレハブ建築が建つ。敷地は二〇×三〇メートルぐらい。建物は総二階建てでかなり大きいが、工事現場の飯場のように実用一点張りで味気がない。

一階は食堂、台所、風呂、トイレなど。二階はベニヤと石膏《せっこう》ボードで区切られた小区画が三〇もある。一区画はせいぜい二畳程度。ここにおおよそ三〇人を収容している。

公園に住む段ボールハウスの住人や駅の通路に寝転ぶ高齢のホームレスに声を掛け、入居させる。主宰者や数人の従業員は一応NPOを名乗っているが、いずれもどこか崩れた感じが漂う二〇~四〇代だ。

以前、彼らとつき合いがあった事業家が、ここがどういうシステムを採っているのか、説明する。

「高齢のホームレスを拾ってくるのは、住所さえ定まれば、生活保護の受給資格を取りやすいからだ。役所は三〇代以下だと、まだ働ける人は申請できないと断る。で、『住むところさえあれば、生活保護を受けられるんだから。病気を持っていたってゆっくり医者に診てもらえるんだから』

と言ってホームレスを引っ張って来て、入居させる。

事実、彼らはホームレスを連れて役所に行き、生活保護を受けさせる。役所も心得たもので、彼らが一緒だと、ああだこうだと難癖はつけない。しかし、彼らがやっていることはボランティアじゃない。儲け仕事だ。高齢の単身者だと月に八万一〇〇〇円ぐらい支給される。これが障害者だと、さらに二万七〇〇〇円ぐらい加算がある。介護が必要ということなら、一万二〇〇〇円がその上にプラスになる。

生活保護費の受け取りは主宰者側がやって、最初に住居費と食費、暖房費などの名目で一人当たり月に七万〜一〇万円を差っ引く。食事といったって粗末な物をあてがうだけだし、部屋は横になるのも窮屈なほど狭い。だから受給者の手元には月一万〜三万円ぐらいが残るだけだ」

三種の神器

だが、彼らは生活保護費のピンハネだけでは満足しない。病人っぽい受給者には別に費用が免除される医療券が発行されるから、医療券を持たせて病院に送り出し、「よく眠れない」とか、「うつ病じゃないかと思う。自殺するんじゃないか、自分で自分のことが心配なんです」とか言わせる。

医者は睡眠剤とか向精神薬を処方する。薬はなるたけ多量に出してもらう。生活保護の指定医に限るが、病院を何軒か回らせ、ともかくクスリを大量に集める。受給者が持って帰ったら、市価の二〜三割で買い上げてやる。

今は品薄で覚醒剤が高くなっている。それで依存症の連中は覚醒剤がわりにリタリンやバルビタール、ハルシオンなどの睡眠剤に手を出し、多少値が高くても買いたがる。タダで手に入れさせた処方薬が高く売れる。これも主宰者側の儲けになる。

前出の事業家が説明を続ける。

「健康な者は健康な者で、別の使い途がある。車を運転できれば一番いいんだが、なければ自転車でいい。住宅地を走らせ、ゴミ集積所に分別収集してあるアルミ缶や新聞紙を盗んで、自転車の後ろにくくりつけ、仕切り場に持っていかせる。今は原料高だから、案外なカネになる。これも主宰者側の儲けだ。

まあ、社会貢献を隠れ蓑《みの》にした悪さだが、役所は自力では高齢者賃貸住宅なんて用意できないから、民間でこういうことをやってくれれば、手間がかからず、助かるわけだ。半グレたちの多少のピンハネには目をつぶる」

結局、生活保護の受給者をつくりあげ、彼らを前面に立てて、名目をつくった上で公的給付を引っ張る。彼ら半グレへのカネの出し手は生活保護の受給者だが、自治体や国、ひいては納税する国民ともいえる。彼らは体内に巣くう長大なサナダムシのように、人への栄養を横取りして肥え太る。

囲い込んだ受給者は住所が確定したから、住民票が手に入る。ホームレスを続けている間に書き換えをせず、失効した車の免許証も再発行され得る。身分証に替わるものを入手できれば、それをもとに携帯電話も買えるし、銀行口座も持てる。

他人名義の携帯電話や銀行口座は振り込め詐欺などをシノギとする者には三種の神器と呼ばれるほど、必須のアイテムである。その手の業を営む半グレ集団に高値で売れる。当然、電話の使用料は受給者に請求され、オレオレ詐欺の振込先に使われた銀行口座は捜査の対象になる。

だが、生活保護の受給者が囲い込まれ、住まいとするところは食事が粗末で少量、寝場所は窮屈で、他人のいびきがうるさく、部屋中が臭い。もめ事もあるし、泥棒もいる。管理する若者はちょっとしたことで居住者を殴る。しかも門限があってうるさい。

受給者は生活保護を受けられても手元に来るのは雀の涙。だったら受給資格を失っても惜しくはないと、遅かれ早かれ逃げ出して、ホームレスに舞い戻る。したがって請求や捜査はそこでストップする。

ホームレスもどきなのに豪遊

このようにして弱者の骨の髄までしゃぶる半グレ集団がいる。かと思うと、昔ながらの詐欺師もいる。

二〇一一年一月一三日、警視庁生活経済課が詐欺容疑で逮捕した投資会社「ベストパートナー」(旧名はグローバル・パートナー、東京・港区)会長・神崎勝(六五歳)はもっぱら老女から大金を詐取する、トウの立った半グレだった。

神崎は二〇〇四年から二〇一〇年までの間に、全国の約九七〇人から総額九一億円を集めた。このうち二四億円を元本返済、約一八億円を配当に回したが、三一億円を個人的な先物取引に充て、一六億七〇〇〇万円を芸能プロダクションへの出資や遊興費などに乱費していた。

神崎は一九四五年、韓国・ソウル生まれとされる。商品先物取引会社などに勤めた後、二〇〇四年にグローバル・パートナー社を設立した。

「三〇年の経験がある投資のプロ」「日本に六人しかいない天才的な相場師」と自称

し、元本保証と年利四～一〇％の高配当をうたって高齢者を中心に出資を勧誘していた。

神崎は赤坂の韓国クラブやキャバクラで有名人だったが、銀座の高級クラブでも「帝王」といわれるほど名が通っていた。たいていは作務衣《さむえ》とちゃんちゃんこで通し、パーティーなどのときだけジャケットを着た。

高級クラブの男性従業員が語る。

「神崎の爺さんは銀座に出れば一晩で四～五店に顔を出した。爺さんが運転手付きのベントレーにタロという名の年取った雑種犬を乗せ、銀座に現れると、各店ともうちに来てくれと、ママさん連中がわざわざ通りに出てきて袖を引っ張ったほどだ。

爺さんが一万、二万のチップを弾《はず》んでくれるから、ポーターも大喜びで奴の車の番をした。爺さんは、ポーターがタロをぞんざいに扱おうものなら、

『タロはわしが代々木公園でホームレスをしていた頃から、一緒に寝て暖めてくれた犬や。粗末にしたら承知せんぞ』

と叱りつけた。ボーイやポーターは爺さんの機嫌を取るのに必死で、タロさんに食べさせてやって下さいと、カツサンドや鮨の折りを爺さんに差し出していた」

実際、神崎はホームレスがそのまま会長になったように、外見は汚らしい爺《じじ》いだったという。ところが外見を裏切り、高級クラブでは大金を使った。神崎には、老人はいくらでもカネを引き出せる金庫のように見えたかもしれない。

「店に入ってもそうとうな変人で、ホステスが一言でもしゃべろうものなら、

『黙れっ！　黙って食え！』

と外から取り寄せた鮨を黙々と食べるよう強要した。爺さんは何が楽しみで女性のいる店に来るのか、私らには分からなかった。

女の子たちは無言で鮨をつまんでいた。しかし、爺さんは高いワインやシャンパンを抜き、男女を問わず従業員に一万のチップを配っていたから、歓迎されていた。ときには北島三郎や、どこかの婆さんを店に連れてきた。当時から、

『爺いはあのバアサンを騙して投資させたんだ。上客だから、銀座を案内してご機嫌を取ってるんだ』

と私らは思ってました」（同前、男性従業員）

詐欺は半グレの伝統芸

被害者の高齢女性は神崎にカリスマ性を感じたと言っている。逮捕される前、神崎は目黒・雅叙園で開かれた山本譲二のディナーショーに、出資の老人たちを招き、いかに自社の経営が順調に推移しているか、見せつけようとした。

このショーに招かれた中年男性が語る。

「神崎が老人たちを大事にすること、並大抵でなかった。なにしろ自分で車椅子を押し、トイレまで案内する。テーブル一つ一つを訪ね、

『お食事は口に合いますか』

『歌、お好きですよね。十分楽しんで下さい』

と声を掛けて歩いていた。

私は一度クラブにも案内されたことがあるけど、そのときは品のよさそうな七十ぐらいの婆さんを連れていた。なんでも歯医者の奥さんとかの触れ込みで、婆さんは、『この社長のおかげで、私は金持ちになることができたんですよ』

と言っていた。

婆さんにこう言わせて、投資に引っ張り込む仕掛けなんでしょう。婆さんが婆さんを口説くんだから、そりゃ、誘われた婆さんも信用する。社長というのは右も左も分からんような若造で、神崎はこういう若造をダミーに立て、自分でも『まだ若いけど、偉い社長ですよ』と立てていた」

それぞれが役割分担して獲物を釣り上げる。神崎は単独でも有能な詐欺師だったのだろうが、会社組織で役者集団も率いていた。グローバル・パートナーの営業マンは「分散投資だからリスクを回避できる」として、最高齢九九歳、認知症の高齢者まで返済見込みのない投資に引きずり込み、高齢者の老後資金を巻き上げた。

神崎は逮捕された当初「騙すつもりはなかった」と供述したが、個人的な先物取引で九億円の損失を抱えた後は集めた資金を運用せず、直接、顧客への「配当」に回すなど、自転車操業を続けた。経営実態がほとんどないところから、実態は詐欺会社を経営していたに等しい。

「神崎は山口組系山健組や住吉会の幹部クラスとも飲んでいた。暴力団にかなりカネを毟られていたという話だ。おそらく神崎としては自分のケツ持ちにするつもりで、

ヤクザとつき合っていたのだろう」（先のクラブ従業員）

神崎と暴力団に接点はあるが、かといって神崎が暴力団系の詐欺師とはいえない。独立した大規模な詐欺師であり、詐欺をして大金を得ているという弱味から暴力団に近づかれ、寄生されたにすぎない。

詐欺は古くからある犯罪だが、詐欺師は法により犯罪が確定するまでは、グレーゾーンに置かれる。神崎が「騙すつもりはなかった（元本を返し、配当を出すつもりだった）」というかぎり、案外、詐欺だと立証することは難しい。

このような意味で詐欺師は古くからある半グレである。堅気でもなく、暴力団でもなく、中間点にいて、生業の基本は堅気を食うことにある。神崎はその典型だった。対してホストクラブのホストは女性を専門に食う。

美人がハマる暴力

大阪のホストクラブに詳しい女性が語る。

「私が知る中で一番悲惨だったのは、大阪北新地のクラブでナンバーワンだったA子さんのケースです。

A子さんがホストクラブにはまったのは、つき合っていたクラブのオーナーが彼女をホストクラブに連れて行き、『こいつは高校時代、俺の同級生だった男だ』と一人のホストを紹介してからです。オーナーは、彼女が焼き餅を妬いたりするので面倒になり、ホストとくっつけて別れるつもりだった。彼女はその思惑にすっぽりはまって、ホストクラブに通い始めた。

一番凄かったのはこのホストをナンバーワンにするため、A子さんが一晩で八〇〇万円使ったときです。店にあるドンペリやワインだけでは八〇〇万円にならず、下の階に別のホストクラブがあったんだけど、そこからも運ばせて、つき合っていた男を売り上げナンバーワンにした」

A子のホストに対する貢献たるや大変なものだが、彼女は報われなかった。

「A子さんは二十四、五でナンバーワンになるぐらいだから、きれいな子でした。だけど、体の関係ができると、このホストの暴力はハンパでなく、鼻血が出るほど殴る、蹴る。それも人前で暴力を振るい、誰かが止めても、

『ええんや、この女はこうせな分からんのやからな』

と殴り続ける。

ホストはぶさいくな女にはメチャ優しいけど、ちょっときれいな子には暴力を振るう。その子がM型だと、この暴力にはまるらしい。暴力を振るった後はすごくやさしくなると、A子さんが言ってました。彼女は男が暴力を振るうほど、彼は私を思ってくれていると錯覚したみたいです」

A子はホストと半同棲したが、A子が彼の店に顔を出しただけで、「なぜ店に来るんだ、俺がそんなに信用でけんのか」と、どつき回したという。

「一万円で買える女やったんか」

占い師で割と名の売れたお婆さんもホスト遊びでは知られているが、彼女も二〇代のホストに入れ上げたはて、そのホストに店のトイレに連れ込まれ、「なぜ他の店に行った？」とボコボコに殴られ、ヒイヒイ言って喜んだとか。男に焼き餅を妬かれて嬉しかったらしい。

さてA子と半同棲したホストはもともと覚醒剤中毒だったが、A子を引きずり込んでシャブ漬けにし、自分もバカラ賭博にはまって借金漬けになった。あげくA子を売春婦として飛田新地に売り飛ばした。彼女はわずか半年の間に飛田から九条、松島とたらい回しで沈め続けられた。

「A子さんが一番ショックに思ったのは、松島に出ていたとき、北新地でホステスをしていた時分、店に通ってくれていたお客さんに出会ったことです。この客はA子さんを当時さんざん口説いたけど、A子さんは最後までなびかなかった。客は言ったそうです。

『なんや、お前は一万円で買える女やったんか』

これが一番つらい言葉だったそうです」

ホストに食われた女性は数知れない。大体ホストクラブのオーナーは風俗を兼営することが多く、ツケがたまって払えなくなった女性客は兼営するキャバクラやデリヘル、ソープランドなどのどれかに回して、働いてツケを払わせることになる。女性客の美醜や向き不向きを見て、どの業種にはめ込むか、選択するわけだ。業者の感覚では、女性は最終的に売る物を持っているから、簡単にツケで遊ばせることになる。

一八歳未満の女性を入店させた場合、警察が察知すれば、最悪、営業停止処分を食らう。そのため身分証明書を提示させ、年齢を確かめる店が多いのだが、悪質なホストは女高生でもお構いなく客引きして、ツケで遊ばせるケースがある。

大阪の場合、ホストクラブはどのような小さな店であっても、すべて暴力団にミカジメを払う決まりという。やっていることがえぐすぎるから、払って当然とする暴力団側の認識があるのだろう。

東京・歌舞伎町の場合には一時期、関西系暴力団のフロント企業がホストクラブを開店することがあった。経営主は本来の関西系暴力団の実力に頼ることなく、ほとんど地元の有力組織である関東系暴力団に挨拶するのがふつうだったとされる。やはり経営主体にもまともな商売ではなく、女性から収奪する後ろ暗さを自覚し、それが地元組織への挨拶＝ミカジメになったものだろう。

女依存型でも年に一〇〇〇万円

ホストクラブのオーナーは暴力団の場合もあるし、半グレの場合もある。では、ホストクラブのホストはどうなのか。ホストも組員だったり、半グレだったり、色々らしい。

前出、ホストクラブに詳しい女性によれば、

「出稼ぎの韓国女性を相手にするホストクラブの場合、来日した韓国男性が多いのは当たり前だけど、日本女性相手のホストクラブでは在日韓国人、それと暴走族上がり、案外、暴力団幹部の息子というのも多い。

不良を面白がる女性が多いんだけど、同じ店のホスト同士が絵を描いて女を嵌《は》める場合がある。同僚をけしかけて女性客を誘わせ、その後、

『よくも浮気したな。店で俺に恥を掻かせた。どう落とし前をつけるつもりだ』

とおカネを引っ張る。しょせん堅気の女性は太刀打ちできない。まあ、ネギを背負ったカモです」

ホスト業界では「おらおら営業」という言葉さえある。女性客の前でわざと不良風の言葉を発し、それまで一面識もない女性をお前呼ばわりする。こうした接客に頭にくる女性もいるし、新鮮と感じる女性もいる。

ホストの中には病院長の娘とできて、今は「出世」して病院の事務局長とか、堅気に転じるケースもあるのだが、大多数がホストから足を洗ったとしても、その後の人

生を半グレとして歩むことになる。もちろん女性のヒモも進路の一つである。

以前、警察庁による暴力団組員の収入調べで「女依存型」という分類があった（第三章参照）。同棲する女性を水商売で稼がせ、その働きで食う組員を指す。末端に近い階層だが、それでも調査では年収一〇〇〇万円と弾かれていた。

この女依存型が今では組員である必要を失くし、半グレでも成立する。ホストは不特定多数の女性を相手にするが、女依存型は「太客《ふときやく》」（多額のカネを使う客）から間違いなく定額の収入が見込める女性に絞り込んだ結果ともいえよう。

第七章　境界にいる共生者たち

「暴力団と共生する者」は今

警察が使う「共生者」という言葉が具体的にどのような人間を指すのかは分かりにくい。暴力団と共に生きる者を指したいのだろうが、とりあえず警察庁は共生者について、次のように述べている。

「近年、暴力団関係企業以外にも、暴力団に資金を提供し、または暴力団から提供を受けた資金を運用した利益を暴力団に還元するなどして、暴力団の資金獲得活動に協力し、または関与する個人やグループの存在がうかがわれる。これらの者は、表面的には暴力団との関係を隠しながら、その裏で暴力団の資金獲得活動に乗じ、または暴力団の威力、情報力、資金力等を利用することによって自らの利益拡大を図っており、いわば暴力団と共生する者となっている」(『平成一九年版警察白書』)

これを説明する図には「暴力団と共生する者」として総会屋、暴力団関係企業、事件屋、仕手筋、社会運動等標榜ゴロの五種を挙げている。

これら五種にはなんとも古めかしい印象がある。総会屋が暴力団の影響下に入ったのは一九六〇年代であり、しかも総会屋自体がほとんど有名無実になったほど数を激減させている。警察庁『平成二二年の暴力団情勢』によると、総会屋が二九〇人、社会運動標榜ゴロが八六〇人、政治活動標榜ゴロが六五〇〇人、会社ゴロ等が一〇四〇人、それぞれ存在するとしている。

社会運動標榜ゴロはエセ同和、政治活動標榜ゴロは街宣右翼をイメージしてもらえば分かりやすい。全国に彼らは右に数える程度には存在するだろうが、総会屋二九〇人は眉つばの数字である。生きて現実に活動している総会屋は五〇人は切っているとの観測さえある。

上場企業の大株主に外国資本が多くなった現在、総会屋が出る幕はない。経営陣に要求を突きつけるのは外国資本などの株主であり、株主総会での要求自体が正常なことに変わった。さらに各種の監査組織が経営陣に法令遵守を求めるのであって、株主でもある総会屋が株主総会で発言することを禁止する理由もない。企業が総会屋にカネを渡さなければならない事情がなくなった以上、警察が総会屋という区分けを死守する理由はない。

というわけで、ほとんど絶滅種の総会屋をひっくるめて「共生者」という新しい枠に突っ込む必要があるのか、大いに疑わしい。

以前、警察庁は暴力団に類似の業種として、彼らを社会運動標榜ゴロとかエセ同和、政治運動標榜ゴロ、総会屋など、個々別々に列記し、暴力団の脇に並べていた。それを十把《じっぱ》ひとからげに「共生者」と呼ぶことにしたのは理解できなくはない。「共生者」という概念を有用と認めるにやぶさかではないが、枠の中に入れるのは別の職種のはずと、筆者は思う。

というのは、頭《かしら》立つ暴力団組長の周りにはまさしく「共生者」と称すべき層が確実に存在するからだ。彼らも半グレの一種だが、彼らは暴力団に反発せず、利用し利用される関係を受け入れている。暴力団からカネを融通され、暴力団が持つ人脈を利用し、特定の分野では暴力団に知識や智慧を授け、暴力団と協力してカネを稼ぎ、利益を分け合っている。

現代型はマチ金

古くからあるタイプでは、有力な暴力団の周りに、暴力団組長が親しげに「社長」

とか「先生」とか呼びかける者たちがいる。地場《じば》の中小企業の社長だったり、弁護士事務所や税理士事務所を営んでいる者たちである。彼らは暴力団と飲み、雀卓を囲み、ゴルフを共に楽しみ、ときに暴力団と組んで仕事を仕上げる。「社長」たちの仕事としては建築、解体、土建関係が多いようだ。

彼らの中心に座るのは暴力団組長であり、その関係は「友情溢れる」といった感じさえ漂う。今は暴力団と交際があるだけで公共工事などには参入できないのだから、彼らもまた「共生者」と呼ばれて不思議はない。

これに比べ新しいタイプの共生者は今一つ都会的、機能的である。多くは金貸しを営む暴力団が中心になる。金貸しとはいってもほとんどがいわゆるマチ金であり、月一割の利子を取るのがふつうである。小口や生活資金、遊興資金は貸さず、貸すのは法人で、事業資金、貸す場合は少なくとも一〇〇〇万円以上が単位になる。

彼らは金貸しだから当然、彼らの許には「カネを貸してほしい」という者たちが訪ねてくる。借り手は通常の金融機関では借りられず、月一割、場合によってはトイチ、トニ、トサン（一〇日に一～三割）の利子さえ覚悟している。何ごとか事情を抱えているか、よほど儲けが大きなヤバイ仕事を企んでいるか、そういう者たちが借りに来る。彼らは暴力団の組員ではなく、また金貸しも暴力団には貸さないことをモットーにしている。暴力団は自分より弱いと見た暴力団には、借りたカネを返さないからだ。

金貸しでもある組長はどういう仕事にカネを使うのか、事情を聞く。カネを貸す以上、確実に返してもらわなければならず、組長には使途を詳細に聞き出す権利がある。

そうした金貸しの一人である組長が言う。

「お金を出して金利だけもらうんじゃなしに、私はお金を借りたいという借り手にビジネスの内容を聞いて、自分で勉強もして、面白そうだと思えば、自分もそのビジネスに参加する。自分も手助けしてお互い儲けて、喜んで利益を分配していく。仕事の内容が分かれば、貸し倒れも自然少なくなる。一石二鳥という考え方ですね」

広義のＩＴ業者が共生者に

要するに金貸しという商売が新しいシノギを見つけるアンテナになる。カネの借り手はもともと暴力団系マチ金と知った上で貸してほしいと頼むぐらいだから、暴力団の存在を容認して好意的である可能性が高い。が、実際にカネを借りることで、さらに進んで共生者へと育っていく。

この金貸し組長はどんな商売にカネを出しているのか。

「たとえば人の紹介でインターネットのライブチャット、ネットギャンブルをやりたいという人に会った。投資をしてくれませんかというので、どういう事業かと聞きました。

以前、自分で事務所を構えて一人責任者を置いて、サーバーを一〇台並べて出会い系サイトをやっていたことがある。毎日自分が顔を出して、管理画面を見たりしてましたから、ライブチャットの話はすーっと理解できたし、これはいけるだろうと判断した。この出会い系サイトはスパムメールに規制がかかりだしたとき、すっと撤退しましたけど。

最初は五〇〇〇万円出して下さいという話でしたが、次に共同の会社を設立しようということになり、こっちが出す金額を下げて、そのかわりビジネスには全面協力すると。女の子を集めるにしろ風俗関係、プロダクション関係、キャバクラ、自分らの顔で集めていく。

当たり前の話ですが、ビジネスはまずリスクを少なくして利益をたくさん上げるのが基本です。おカネを出すとして一番先に考えるのが投資の保全。安心してカネを出し、それでリターンが大きかったら、商売として絶対うまくいきます」

こうした話でも窺えるように金貸し組長がツバをつけている共生者はインターネットや携帯サイト利用の、広義のＩＴ関係といえよう。

現実を見ない警察当局

だが、先の警察庁の記述では古いタイプが一緒にされただけで、こうした新しいタイプの共生者が抜け落ちてしまう。気息奄々《えんえん》とした総会屋などについて語るために、新しく「共生者」もしくは「反社会的勢力」といった言葉を造語する必要はない。屋《おく》上屋《じようおく》を架《か》すような冗漫さを感じるばかりか、混乱と誤解を招く。新しい革袋には新しい酒を入れなければならない。

二〇〇七年七月に開かれた第九回犯罪対策閣僚会議で暴力団などに対し、資金提供を絶対に行わないことなどを内容とする指針が報告された。警察庁はこの指針を普及推進する立場であり、指針には新しく「反社会的勢力」（反社とも略す）という言葉が登場した。

これが何を指すかといえば、「暴力団、暴力団関係企業、総会屋、社会運動標榜ゴロ、政治活動標榜ゴロ等、暴力、威力と詐欺的手法を駆使して経済的利益を追求する集団または個人」とされる。

これまたほとんど無意味な造語だろう。中身を見ると、共生者に暴力団をプラスしたものが反社会的勢力になる。暴力団にほとんど関係ない外国人犯罪グループや、暴力団を寄せつけようとしない半グレ集団は反社会的勢力ではないのか。

警察庁が暴力団に拘泥《こうでい》するのは分からぬではないが、暴力団から切れた地点に新しい組織犯罪集団、たとえば半グレ集団などが生まれていることを見ようとしない。相変わらず暴力団中心主義なのだ。

先進的組長の野望

話がずれたが、この章では暴力団と融和的な関係を持つ共生者をテーマとする。先の金貸し組長に「金融は新しい事業計画が借り手の側からやってくる。うまい商売だ」と水を向けると、こう答えた。

「その通り。持ち込まれた話から芸能関係、海産物、化粧品、健康食品、株の仲介、ネットビジネス、携帯電話のコンテンツ、たいていのことは手掛けてます。自分は人脈＝金脈という考え方をしてます。人脈がなかったらカネは生めない。だから少なくとも自分からカタギの人を裏切ることはしまいと考えてるし、能力のある、可能性の見えてる人とはすごい大事なつき合いをしたいと思ってます」

この話からも共生者が非常に多岐な分野から叢生していることが分かる。簡単にいえば共生者は起業家であり、事業家である。そういう新しい事業家が容易に暴力団組長とタッグを組む。とりわけ事業内容がエロっぽかったりすると、金融機関はなおさら融資しようとせず、起業家はいやおうなく暴力団系のマチ金に頼ることになる。

もちろん彼らの関係は永続的ではない。カネを借りて、返し終われば関係が切れる場合もあるし、長続きする場合もある。タッグを組んだ後、離れる場合もある。離れてまっとうな事業家に納まるか、あるいは暴力団から一歩退いた半グレになるか。関係はそのように動くが、少なくともカネの貸借がある期間は共生者になる。

金貸し組長が話を続ける。

「人に会い、人を見る。やる気があるのかないのか見るのは当然ですけど、話の仕方、頭のよさ、知識や人間性もチェックします。目を見て話し、自分なりにいろんなチェックをしてます。

自分の考え方は、三万円借りに来る人間一万人と知り合ってもなんにも生まれない。そうであるなら多少リスクがあっても、一億円借りに来る人間は一億円の舞台を持ってます。そこには内容もあり、教わるものもある。こっちが得るのは金利だけじゃなく、それ以外にもあるんじゃないか。だから私の場合、小口より大口という考え方です」

暴力団組長の全部が全部、こうした考え方を持てるわけがない。またこの組長ほどカタギの人間に信頼され、人望があるわけでもない。しょせんは人と人とのつながりの問題であり、人を核にして容易に共生者が生まれる仕組みがあるのだ。

暴力団世界の中で、この金貸し組長は例外的に優秀ともいえる。大多数の暴力団は末端層はもちろん、上層部でも時代の動きに敏感ではない。

若者と共振できないヤクザたち

暴力団組員の大多数は積極的に共生者を活用して、新しいシノギを見出そうとはしていない。戦後一貫してスキマ産業探しが得意だった暴力団だが、パソコンや携帯電話がこれほど普及した今では、新しいシノギを自力で構築することはほとんどできない。彼らには収入の大半が通信料に消える若者も、現実社会よりネット上に、よりリアリティを感じるオタク的若者も了解不能である。

新しいシノギは若者の周りに落ちているはずだが、暴力団の多くが若者と共振できないほど年齢上か、精神的にか、年老いている。

前出の『平成一九年版警察白書』は共生者に関する記述の中で「証券取引への進出」という一項を設けている。

「近年、暴力団の関与がうかがわれる証券取引にかかわる犯罪においては、暴力団と証券取引等の知識を悪用して経済不正事案を敢行するグループとの間に人的なネットワークが構築されていることがうかがわれる。こうした暴力団と共生するグループは、業績の悪化した企業を利用して仮装増資、インサイダー取引、相場操縦等の経済不正事案を敢行するに当たり、これをより確実に実現させるべく威力等の利用を容認した暴力団や暴力団関係企業に対し、多額の利益の一部を資金として提供しているとみられる」

文中の「証券取引等の知識を悪用」するグループは、警察庁による共生者の定義では仕手筋に当たるのだろうが、仕手筋と限定するには無理がある。現実に暴力団の周りには元証券会社のディーラーなど、プロの名に値する者たちがいる。山一證券や三洋証券の破綻で再就職につまずいた人材は多数に上っている。彼らの中から暴力団と結ぶ者が出たとしても不思議はなく、何も仕手筋に限った話ではないのだ。

現に暴力団資本を入れて未公開株取引を行う会社社長が手の内を明かした。

「日本証券業協会には未公開株を扱うグリーンシートがあるけど、うちはグリーンシートでも扱っていない未公開株を扱ってます。未公開株にはいいも悪いも値がない。

上場株ならPER（株価収益率）などの形で、おおよそ妥当な株価の予想がつく。しかし未公開株はいくらといわれても、その値が妥当かどうか、売り手も買い手も見当がつかない。

そこで腕のいいブローカーや業者なら原ホルダーからの仕入れ値の三〜五倍で売り捌《さば》く。儲けが太い。しかし、いくら売値が高くても、正規の株を扱い、譲渡証明書を付けてる業者はまともです。ひどい業者になると、大昔、博徒がバクチのカタに取った株券を譲渡証明書なしに売ったり、上場予定がなく、倒産寸前のボロ会社の株や有名会社の偽造株券を売ったりする。

この業界は全体がグレーゾーンで、ブラックがめちゃくちゃ多い。上場が噂される会社の所在地にはぎょうさん買い付け部隊が入り込む。買う方も売る方も欲得づくだから、ハイリターンにハイリスクはつきものってこと」

買った株が上場されなければ、買い手は売るに売れない。上場されたところでその株に譲渡証明書がついていなければ、これまた売れない。投資したカネが減価するどころか、ゼロになるのだ。

悪質な業者の中には「来春三月上場決定、初値一二〇万円」とか、堂々と口から出任せで売り捌く。その株の上場は未定、初値も上場前に分かるわけがないが、そのあたりは買い手責任という詐欺師の論理である。

暴力に頼らない新勢力

証券界ではＩＴバブルが終わり、リーマンショックで、インサイダー取引や新規公開株の偽装どころではなくなった。一時は匿名投資組合やボロ会社の新規上場ですばしこい暴力団幹部がわが世の春を謳《うた》ったが、バブル期でも証券の世界で儲けた組員は少なかった。目端《めはし》が利き、タネ金を持つ中堅層以上だけが儲けたのだ。プロのディーラーに取引を任せて損を重ね、株から手を引いた暴力団は少なくない。

『白書』には次の記述もある。

「最近では、暴力団が、いわゆる不動産ファンドの成長に乗じて、不動産を確保するための『地上げ』や『土地転がし』に介入する動きを強めていることがうかがわれるほか、不動産ファンドにかかわる証券を利用して資金獲得活動を行う可能性があるとみられることから、今後も、証券取引に関係する資金獲得活動については、暴力団と共生する者を視野に入れて警戒し、対策を強化していく必要がある」

地上げも今や夢物語に終わった。一時、地価上昇の激しかった東京・浜松町や田町辺りでバブル期再来の様相を見せたが、それも「スルガコーポレーション」の事件で打ち止めになった。

東証二部上場の不動産会社、スルガコーポレーションが犯した弁護士法違反事件では、ビル七棟の地上げで山口組系宅見組と関係が深い「光誉実業（大阪市、朝治博社長）」に約一七〇億円を支払った。地上げは不況下でも、唯一巨額な報酬を手にできる分野といっていい。朝治博は初代宅見組の元組員であり、事件化する直前まで暴力団の構成員と親密な交際を続けていた。彼の実態は「企業舎弟」というより「共生者」だったはずである。

現代の共生者は暴力団なら誰とでも結ぶわけではない。信用できるごく一部の暴力団幹部層と結ぶ。そして暴力団が持つ暴力的威迫力を利用しようとは考えていない。そんなことをすれば、暴力団と同じに扱われて損だからだ。利用したいのはその暴力団が持つ個人的なカネと人脈である。共生者が進出を考えている分野は規制がきつい建築、土木ではなく、それ以外の規制がなきに等しい新しい分野である。

警察はこうした新しい型の共生者をマークしていない。名簿なども未整備のはずである。ノーマークの共生者たちは暴力団との関係を徹底的に隠して、何食わぬ顔で、彼らの事業を全《まつと》うしようとしている。

第八章 暴力団もマフィア化を目指す

㊍担に求められる経済知識

山口組系弘道会の本部事務所は名古屋にある。愛知県警が名古屋を管轄するが、県警本部にはどう弘道会に対するべきか、捜査の路線をめぐる対立がある。

県警の幹部が匿名を条件に語る。

「だいたい弘道会は『三ない主義』と言って、警察官には言わない、警察官とは会わない、警察官は事務所に入れない、を通している。

にもかかわらず、従来の刑事四課（担当は暴力団）方式で暴力団情報を取るとすれば、べったり弘道会の組員とくっつくしかない。くっつくというのは、弘道会系の者に汚染される危険があるってことです。その危険を自覚することなく、情報をもらっていていいのか。

悪いことに捜査官は、たとえ関係者から情報を取ったとしても、自分が担当する案件以外は握り潰す。上が信用できないとか言って、情報を上に上げようとしない。いったい何のための情報収集かって言いたくなる。

今四課に求められているのが何かと言えば、数字が読める、カネの流れを追える、金銭的追跡ができる捜査員ってことです。これなしでは暴力団は潰せません。暴力団だって二種類に分かれてきた。一つは従来型のヤクザ意識を持つタイプ、もう一つはマフィア意識を持つタイプ。そしてマフィア型が勝ち組で、ヤクザ型が負け組だってこと。これをしっかり認識しなければならない。

警察の捜査手法がマフィア型に対応しなければ、永久に暴力団に勝てるわけがない。四課には、知能犯に対応する二課型刑事の血を入れる必要がある。旧来の四課型は時代遅れなんです」

敗北続きの愛知県警

四課の刑事が暴力団にくっついて情報をもらうためには、ときに暴力団側に情報を渡さなければならない。それが暴力団側へのお土産《みやげ》になる。本来的に情報係は二重スパイを余儀なくされる宿命を持つといえるかもしれない。

問題は暴力団側に与える情報は中身が薄く、暴力団側から引き出す情報は密度濃く、迫力に満ち、という条件をどう守り続けるかである。刑事四課の情報係は日ごろ小遣いをもらっている暴力団側に忠誠を尽くし、刑事四課に対しては、むしろサイドビジネス的な感覚でいるといった批判が県警内にある。

しかし刑事四課の捜査員は逆に二課方式を否定する。

「県警では十数年前から二課出身者が四課長になるなど、二課が四課に入り込み始めた。当時から二課方式でやって、弘道会の大物を起訴に持ち込んだかといえばゼロだ。

いい例が司忍（六代目山口組組長）、髙山清司（六代目山口組若頭）を起訴、服役に持ち込んだのは四〇年も前の大日本平和会春日井支部長殺害事件のとき。弘道会の幹部をパクったのは二五年も前の中京戦争、山一抗争時代だけ。

それからこっち愛知県警の業績は何もない。司は府中刑務所で服役したが、これは大阪府警が銃刀法の共同所持でパクったわけで、愛知県警は何の働きもしてない。二課方式がクソの役にも立たないことは、その実績のなさが証明している」

こうした県警内の論争で明らかなように、愛知県警の捜査は弘道会に対して効果を上げていない。しかし業績のあるなしは置いて、県警が弘道会をマフィア型暴力団で、暴力団世界の中の勝ち組だと認識していることは興味深い。

厄介な偽装破門

山口組では二〇〇八年ごろから組員の除籍や破門、絶縁などを他組に知らせる通知や回状が飛び交い始めた。山口組系の各組では、処分の通知が乱発されて、月に一〇〇人に及ぶという見立てがある。月一〇〇人なら年間一二〇〇人。これでは山口組が縮小しても仕方がない。

事実、『平成二二年版警察白書』によれば、山口組の構成員は一万九〇〇〇人（準構成員は含んでいない）。前年の『平成二一年版』には二万三〇〇〇人と記されているから、この一年間で一三〇〇人減少したことを示している。

また二〇一一年三月警察庁が発表した『平成二二年の暴力団情勢』によれば、二〇一〇年末の概数で山口組の構成員は一万七三〇〇人。前年末からさらに一七〇〇人の減だとしている（逆に準構成員は一万七六〇〇人、前年比二〇〇人の増という）。

山口組の運営が近年、とりわけ不調に陥っていることはない。むしろ二〇一〇年一一月に若頭・髙山清司が京都府警に逮捕されるまで、その運営は順調すぎるほど順調だった。

にもかかわらず、なぜ処分が異常といっていいほど乱発されるのか。なぜこれほどいちどきに多数なのか、首をかしげる組関係者は少なくない。

考えられることは偽装破門である。

山口組直系組の幹部が言う。

「処分状さえ出しておけば、若い者が悪いことをしでかして、万一警察にパクられたとしても、うちとは無関係と言い張れる。この通り、と警察に処分のはがきを示して、この者は何年何月何日に破門している。したがって上の者の使用者責任なんか、問えるはずがない、ってわけです。

偽装破門の場合はいわば秘密組員になる。組事務所にも出入りさせず、警察が組との関係を察知していそうにない企業事務所などに移し、稼ぎに専念させる。もちろん事務所での儲けは上納させます」

破門状など回状の配布先は山口組系の中だけでいい、たとえば住吉会や道仁会など、外の団体には回状を撒かない、山口組の中だけで撒いても、裁判所は「撒いた」

と認めると暴力団業界ではいわれている。

破門など処分者の多さはアングラ化、マフィア化への過程とも見られる。組が組員を破門・絶縁したと回状に記せば、警察が事実をもって、それは偽装だと証明することは難しい。警察にはそれだけの捜査力も情報収集力もない。

古参の刑事の中には、以前は捜査力があったとする者がいるが、それは暴力団からの情報があったからこそだろう。警察と暴力団の関係がもたれ合いから角突き合いに変化すれば、当然、捜査の方法も変わるべきだが、警察は現在の状況に対応できる方法を見つけられないでいる。

新たな要塞は宗教団体

二年ほど前、山口組の一線から退き、このほど株式会社を立ち上げた直系組の元幹部がいう。

「今後、山口組全体がアングラ化に突き進む中でいろんなパターンが出てくると思います。暴対法が施行された一九九二年には、本部から、直系組は株式会社をつくれという通達が出た。実際に株式会社をつくった組もいくつかありますが、これは取締役会や総会の議事録を適当にでっち上げたなど、かえって警察に摘発の材料を与えたことになり、結果的には失敗でした。議事録では服役している者が発言したことになっているなど、警察に突っ込まれるネタを与えてしまった。

だが、これからは生きるか死ぬかの戦いになる。ヤクザも生き残りに必死だから、抜けた真似はできない。偽装で若い者を除籍するし、株式会社もつくる。ありとあらゆる対策が採られるはずです」

山口組ではない組の話だが、そこでは欧米由来の宗教の利用さえ検討されている。

「よく休眠している宗教法人を買い取り、規則を変え、役員を入れ替えるっていう案があるけど、これは県の学事課がうるさく、実用的でない。

それより欧米のキリスト教系の新興宗教に入り、日本教会の幹部になる手がある。日本の警察は外圧に弱い。教団にはこっちが出す物を出せば、本国の本部がこっちの注文通り、日本政府や日本警察に圧力を掛けてくれる。教会を足場にシノギをすれば、治外法権も同然、なんだってできそうだ」（非山口組系の組幹部）

そうでなくても宗教団体は憲法の「信教の自由」や「政教分離」原則をタテに、警察や税務署の攻勢をかわしている。その宗教団体が海外の有力団体なら、なるほど暴力団活動の強固な要塞になるかもしれない。

マフィア化を進める「処分状」

暴力団は暴力団なりに生き残りを考えている。そのための方策の一つが処分状の乱発による組員隠しだろう。

暴力団は戦前から自派の組員を処分するとき、その者の氏名、処分理由、場合によっては顔写真なども付して、交際関係のある他団体に「この者を拾わないよう」注文をつけてきた。暴力団には中世ヨーロッパのギルド的な一面があり、親方の意に添わぬ者は、その職業では二度と飯を食わせないよう外部に排除する習わしがある。処分状を回状とかチラシとかいい、警察もそのコピーを系列組の組員などから入手し、ある者が組員か組員でないか、判断する有力な手がかりとしてきた。

もちろん暴力団世界は経済的な苦境にあるから、中には組に対し月会費を払えない、あるいは親分や兄弟分からの借金が積もり、どうにも返せないなどの理由で組を放逐される者も少なくないにちがいない。

だが、処分状に記された者の中には明らかに偽装の処分が含まれている。つまりその組員を暴力団の籍から抜き、警察の目をごまかし、経済活動に、また調査や殺しの専門活動に専念させるといった上の意向が働いている。

本書の「序章」に記したが、組員の名刺に上部組織の名や代紋を載せない措置などと相まって、処分状の乱発もマフィア化への準備と捉えられよう。通常、暴力団は組の大をもって尊しとする習慣があるが、山口組などでは毎年一〇〇〇〜一五〇〇人前後の組員を減少させている。少数精鋭主義への転換というより、計画的なアングラ化への移行と見るべきかもしれない。

共存共栄を図る警察

二〇〇九年六月の午後、約一九〇人から成るデモ隊が神戸市灘区篠原本町の山口組総本部周辺を行進し、口々にシュプレヒコールを叫んだ。

「暴力団は解散せよ！」

「暴力団の非合法化を実現せよ！」

「暴力団の存在は許さない！」

デモの隊列は全国各地から集まった民事介入暴力に関心を持つ弁護士が中心だった。

デモを呼び掛け、リードしてきた三井義広弁護士（日本弁護士連合会民事介入暴力対策委員長、静岡県＝当時）が言う。

「山口組本部をターゲットに、弁護士が集まって、暴力団の非合法化をアピールした、という三点で、いずれも初めてのことでしょう。ただしデモの主催は日弁連ではなく、現実に暴力団の民事介入暴力事案に取り組み、また民暴に関心を持って都道府県単位の民事介入暴力対策委員会で活動している弁護士たちの中の有志が集まってデモをした、ということです」

デモ隊のスローガンは暴力団対策法に比べて、かなり過激といえる。暴力団の存在そのものを認めず、暴力団は解散するか、地下に潜れといっているに等しいからだ。

三井弁護士がデモに至った考え方を説明する。

「暴力団対策法が施行されたのは一九九二年です。施行からもう一七年たちました。

その間暴力団の構成員数は準構成員を含めズーッと八万人前後。構成員が減れば、準構成員が増える。合計ではまるで横ばいで、全体は減っていない。というのも、暴力団対策法が暴力団の存在や活動を認めているからです。

組員による用心棒代取り立てなどに対し、暴力団対策法に基づいて出す中止命令はイエローカードに過ぎず、退場を命じるレッドカードじゃないからです。

だから暴力団は減らない。なんのことはない、警察は暴力団対策法で暴力団との共存共栄を図っているのと同じです。暴対法ができたときにはこの法律で、警察と暴力団はいよいよ敵対関係に入るといわれたものです。しかし現実は敵対どころか、今もって両者もたれ合いです。だから新たに諸外国並みに暴力団の存在を認めない法律をつくるべきなんです」

秘密裏の犯罪株式会社化

こうした動きに暴力団側は当然反対すると予想されるが、当たってみると、意外にもクールな答えが返ってくる。

山口組の中でも主流派に属する幹部が言う。

「弁護士がデモした？　それが何だって感じです。どっちにしろ二～三年先にはヤクザは非合法になる。そういう法律が早晩できるだろうとわれわれは読んでいる。非合法になれば、ヤクザはマフィアになるしかない。それしか生き様がないわけだし、ヤクザがマフィアになってもいいんじゃないの」

開き直りに近い発言と思えるが、必ずしも少数派の言い分ではない。山口組系の別の古参幹部も言う。

「だいたい暴対法ができたとき、この分じゃゆくゆくマフィアになるしかないなって読んでたからね。暴力団という存在そのものが悪い、暴力団に加わること、暴力団に入れと誘うこと、組員であること、そういうのが全部違法で有罪だっていうのなら、地下に潜ってマフィアになるしかないじゃないの。

マフィアになるなんて簡単よ。組員全員の籍を抜いて表面カタギにし、その実、しっかりヒモを握って、彼らの稼ぎを吸い上げればいいだけの話。その方が警察に暴力団だって目をつけられることもないし、たとえ若い者が捕まって有罪になっても、暴力団だからって刑が重くなることもない。万事好都合って、わしは思うけどね」

マフィア化すれば、組織本体の存在を隠し、組員の身元を隠した上で種々の犯罪を遂行しなければならない。いわば秘密裏の犯罪株式会社化が不可欠のわけだが、そんなことが日本の暴力団にできるのだろうか。

「ヤクザがらみの殺傷事件で迷宮入りっていうのはいくらもある。なぜ迷宮入りかっていえば、ヤクザがすでにマフィア化しているからだ。昔じゃあるまいし、ヤクザが警察に実行犯を自首させるなんてことはバカバカしい。今どきのヤクザがやることじゃない。絶対部外秘の殺しだってできるし、現にやっている。殺しに比べれば、シノギを秘密裏に進めるなんてことは児戯に等しい」(同前、古参幹部)

銃殺から偽装殺人へ

中京地区の捜査関係者も暴力団のマフィア化を予測している。殺しのやり方からして変わるというのだ。

「殺しだからといって、拳銃を使うばかりではない。拳銃は発砲音が大きい上、銃身内側のライフリングのため発射された銃弾に旋条痕がつき、足がつきやすい。暗殺となれば、昔からの刃物の方が入手も簡単、費用も安く、音や声も出にくい。せいぜい返り血を浴びる危険があるくらいです。

今後は明らかに殺しと分かるやり方を採る必要もない。自動車の轢き逃げ事故を装《よそお》ったり、転落死させたり、溺《でき》死《し》させたり。ときには薬物やガスで殺すといった手法もあり得る。あるいは強盗強殺事件の外観を採るとか、何でもありの状態になる」

マフィア化すれば、山口組のような巨大組織は分断化されると見なければなるまい。本場アメリカのマフィアがファミリー単位で動くように、巨大組織が巨大なままアングラ化するのは難しい。山口組は全国を七ブロックに分けているが、ブロック単位でもマフィアとしては大きすぎるかもしれない。

米マフィアの各組織はファミリー、その首領はボスやドン、カポなどとされ、ボスの統括組織はコミッションと呼ばれる。山口組本家はこのコミッションに相当し、直系組長たちが率いる組、あるいは山口組の親戚団体、後見する他団体などはファミリーになるのかもしれない。

一般社会からファミリーはちらほら見え隠れする存在であり、コミッションはほとんど実態を隠している。だが、山口組は逆で、本家は姿をさらし、ファミリーは陰に隠れることになる。

半世紀を浪費した壊滅作戦

「暴力団の非合法化は望ましいことではないね」と否定するのは、意外にも兵庫県警の捜査関係者である。

「要は情報取りに掛かっている。一にも二にも暴力団情報をどう取るかということ。情報が取れるなら、非合法化もいいだろうけど、非合法化すれば、ますます情報が取れなくなる。

そうでなくても暴対法以降、暴力団情報が取れなくなった。だいたい組の事務所に刑事を入れない。一緒に茶も酒も飲みたがらない。下っ端《したっぱ》ならパクったとき因果を含めて保釈で出た後の情報提供を約束させられる。しかし上層部はパクれないから、コネのつけようがない。特に六代目山口組は徹底的に警察への情報を遮断している。

今でさえこうだから、非合法化すれば、完全な闇になる。だいたい日本では蛇《じゃ》の道はヘビってわけで、悪いことをしている人間が悪い人間を知っている。それを生かす

ために ヤクザの親分に十手《じって》、捕り縄を許したわけだ。そういう日本の伝統を暴対法が壊し、さらに暴力団の非合法化で壊す。治安にいいことは何もない。非合法化は国民にとって逆に危険と思う」

こうした意見に対し、前出の三井弁護士が反論する。

「暴力団を非合法化すればマフィア化するとは以前から言われていたことです。しかしまず眼前の不正な組織をなくすことです。犯罪を専門とする組織が日本で法的に許容されていること自体がおかしい。海外ではあり得ないことです。

そういう組織をなくした後、どうなるかは、その時点でまた考えればいい。壊滅、壊滅と五〇年近く言い立てながら、いっこう壊滅しないことのおかしさにいい加減、気づいてもいいいんじゃないですか」

街中に堂々と看板を掲げるのが異様

現実に千葉県弁護士会の民暴委員会が強力な暴力団規制法案を準備している。一名「暴力団非合法化法案」とも呼ばれ、現行「暴力団対策法」の改正案の形を採る。

どのような法案なのか、同会・民暴委員会の関係者が解説する。

「ご承知かもしれませんが、先進国ではほぼ例外なく『犯罪結社罪』などの法規制が整備され、暴力団的な実態を持つ不良集団の存在自体を法が正面から否定、排除して、法的に非合法集団と位置づけ、そうした組織犯罪集団への参加や、組織の運営に対する支援行為をことごとく規制しています。

こうした国際的な規制情況に照らせば、日本の暴力団規制はいびつすぎます。先進的な法治国家と胸を張れるようなものではありません」

海外と比較すれば、日本の暴力団対策法はゆるすぎて異様だとする。それはその通りだろう。日本の暴対法には暴力団を生かさず殺さず、微妙なさじ加減の跡が残る。そういうさじ加減こそ不要だという問題意識である。

「他国と同じような規制を加えれば、暴力団が地下に潜る、よりアングラ化を強め、今以上に規制や検挙が難しくなるという前提があることは承知してます。

しかし、ひるがえっていえば、国家が暴力団の存在を法的に認め、追認している情況こそ論外です。暴力団は街中に堂々と看板を掲げて組事務所を設け、組活動を行い、国家がそれを認め、許している。こういう状況こそ異様なんです。先進国の社会のあり方として不健全きわまるという認識を、政府も国民も等しく持つべきです。悪いことをする奴にはせめて地下に潜って、おどおど怯えてもらうのが当然です。検挙を容易にするという名目の下、こういう輩《やから》の存在を『どうぞ』と認める社会の仕組みを用意することの異常さを、痛感してもらいたいものです」

解散命令が促すアングラ化

具体的に「暴力団非合法化法案」はどのようなものになるのか。民暴委員会の関係者が説明を続ける。

「現行の暴対法では暴力団とはどういうものか定義されてます。これをそのまま生かして、改正法でも暴力団だけを対象とする。新規にこれこれの集団と定義づけるわけではないから、労働団体や政党など、結社の自由に敏感にならざるを得ない団体から反対されないですむ。

定義を踏襲した上で指定暴力団の構成員が犯す犯罪歴、たとえば刑法や暴対法、覚せい剤取締法などによる検挙実績をポイント制でカウントし、持ち点が一杯になれば、各都道府県の公安委員会が指定団体に対し、解散を勧告し、解散しない団体に対してはさらに解散命令を出せるという法律です。

当然、解散命令が出た後、新規に同じような暴力団を結成し、維持するケースも考えられます。こうした事態に備えて、暴力団結成罪、あるいは暴力団運営罪などの法的要件づくりが必要になるはずです。

いずれにせよ、解散勧告に応じないため、解散命令が発令された場合には不解散罪、すなわち解散命令の違反者として、その組織の運営者（組長や総長などの代表者）も加入を続けている組員も検挙されることになる。また組事務所や組が実質的に運営、支配していると見られるフロント企業など営業拠点は所轄の公安委員会が一定期間、管理下に置き、組織関係者の占有を解きます」

千葉県弁護士会の改正案はポイント減点制になりそうである。たとえば持ち点が二〇点とする。組員が殺人や強盗などの犯行で有罪が確定すれば三点を、賭博開帳図利などでの有罪確定では二点を、不当要求行為などでは一点を、それぞれ減点し、計二〇点の持ち点を使い尽くせば、公安委員会が指定暴力団に解散を勧告するといった方式らしい。

暴力団そのものを非合法化しようという法的な試みは千葉県弁護士会以外にもいくつかあるようだ。現状は暴力団と向き合う警察庁が真剣に取り組んでいないだけの話で、いずれは暴対法の改正案として、あるいはまったくアプローチ法を変えた新法として成立するかもしれない。

こうした取締法は暴力団を必然的に地下に潜らせ、秘密結社的な存在に変える。いわゆるマフィア化である。

世間の評判よりも実利を優先

暴力団がマフィアになることは脅威だが、アメリカもイタリアもマフィアと真っ正面から闘い、今やマフィアの噂さえほとんど聞かなくなった。日本だけが江戸期からの慣習を引きずり、暴力団を裏社会のお目付役、「蛇の道はヘビ」のヘビに措定《そてい》することは、警察が無力であることの告白かもしれない。

一昔前まで、組と組との抗争など、組のために相手側の人員を殺傷した者は最寄りの警察署に自首して出るのがふつうだった。自分の組はこれこの通り相手側を攻撃した、決して相手側のいいなりにはならなかったし、攻撃することで組のメンツも立てた。相手側に安目を売らなかった。このことの最終的な証明が実行犯の自首であり、かつ実行犯自身の男の売り出しでもあったわけだ。

ところが今、実行犯は自首しないし、組も実行犯である組員に自首することを勧めない。一つに殺人などの刑が重く、懲役二〇年以上、また無期刑、死刑でさえ珍しくなくなった。自首は実行犯に一生刑務所の中で暮らせと強要するようなものだから、組幹部も実行犯に自首を勧められない事情がある。

そうした流れの中で暴力団が行う殺人では「暗殺」方式が主流になりつつある。「暗殺」とは『広辞苑』によれば「ひそかにねらって人を殺すこと」とある。別の辞書には「(政治、思想などで対立する立場の)人をひそかにねらって殺すこと」ともあるが、暴力団の場合には、事前に殺す意志を相手に示さないまま、特に警察に誰が殺《や》ったと分からない形で殺しを実行し、殺害後も殺しについて語らず、認めず、否定し通す方式といえる。

現に中堅組織の組長が述懐する。

「うちは専門に殺し要員を誰と決めている。一度殺しのヤマを踏んだ者は度胸も据わっているし、その場の判断も適切だ。しかも殺しの現場に証拠を残さない。

もちろんうちではせっかくの殺し要員を警察に差し出さない。徹底的に守り抜き、殺し要員を抱え続ける。平時にはたっぷり生活費やこづかいを渡し、ゆっくり遊んでいてもらう。そのかわりまた殺しの必要が生じたら、この男を起用し、殺しをやってもらう。ある意味、殺しも才能だ。自首させるってことはせっかくの才能を一度しか使わないこと。もったいない。何度でも使い回して、その都度立派な業績を上げてもらう。

確実にそういう時代が来たってことを、警察も認識しなければならない」

別の組長が言うことはさらに過激である。直接、警察や検察との対決を辞さない。

「要するに我々も覚悟しなければならない。ヤクザが相手の組員一人、二人を殺して無期や死刑になる時代になった。ということは、警察官や裁判官を殺しても無期や死刑なんだから、警官や検事、裁判官を殺すことを恐れてはならない時代になったということだ。我々は怖《おじ》けることなく警官や検事、裁判官を殺し、彼らに暴力団に触ると、恐ろしいことになりますよ、と教えてやらなければならない」

まるでシチリア・マフィアである。捕らえられ、裁判になっても証言者を殺し、検事や裁判官を暗殺する。世論を敵に回すことを恐れない。世間の評判より実利だけを優先する。

生存場所を失うヤクザたち

山口組情報に通じる関西の事業家が指摘する。

「山口組に限らず、もう広域暴力団が生き残っていける時代じゃない。実質的にヤクザの存在そのものにノーが突きつけられている。典型的な例が広島地裁の判決です」

この判決については、各紙ともニュースで報じた。概略を記すと、

二〇〇八年一一月、共政会の組員が広島のホテルに結婚式、披露宴の申し込みをした。ホテル側はいったん引き受けたが、二〇〇九年一月、警察が「結婚式を挙げようという男は暴力団の組員だ」とホテル側に通報。これを受けて、ホテル側が結婚式の予約をキャンセルしたことに対し、組員がホテルを相手取り、慰謝料など二四五万円の損害賠償を求める裁判を起こした。

裁判の判決が二〇〇九年四月一三日にあった。「暴力団員の挙式はトラブルが懸念《けねん》

され、厳重な警備態勢によるコストや他の客のキャンセルも予想される。暴力団とのかかわりを避けるべきであるという最近の社会情勢から、信用失墜にもつながり、不利益が大きい」として、組員の請求を棄却したのだ。

暴力団の組員は人並みに結婚式を挙げることも許されない。組員は控訴しなかったから、結果的に人権、生活権を否定されたことを受容したことになる。

前出の事業家が続ける。

「ということは、ヤクザの組員であるかぎり、きちんとした形で結婚式も挙げられない。日本国民であるにもかかわらず、憲法に認められた基本的人権が認められない。そしてマスコミや社会もそれを当然として、誰も異議を唱えない。そういう時代に入ったんです」

暴力団に示されるのはいやおうなくマフィア化への道である。だが、だからといって暴力団のすべてがマフィア化するわけではない。マフィアへの道を拒む組長もいようし、転進を心掛けながら、マフィア化に失敗する組織もあろう。さらにマフィアに転進したものの、半グレ集団系のマフィアに敗れる暴力団系マフィアも出現しそうである。

暴力団系マフィアと半グレ系マフィアのどちらに次の時代に対する適性があるかといえば、半グレ系マフィアに軍配が上がるだろうからである。

第九章　特殊日本型ヤクザの終焉

貧富格差が激しいヤクザ社会

若い者の前でカネを湯水のように使う。気前よく、時にこづかいもくれる。連れている女がマブい。乗っている車がカッコいい。この人についていれば、いつか自分も同じような立場になれるのではないか……。

暴力団を志望する若者の四九%が組員の「恰好のよさにあこがれて」を動機としている。「恰好のよさ」がカネや女、車など奢侈《しやし》的な経済に由来していることは間違いない。

だが、平成不況で組員の、とりわけ末端組員の経済レベルは低下し、彼らがどうヤセ我慢し、どう見栄を張っても、若者にとってのあこがれの対象ではなくなっている。

山口組系の中堅組長が末端組員の貧乏暮らしについて語る。

「財布の中に万札が一枚入ってれば、それだけで二〜三日カネ持ち気分や、っていう若い者が増えとる。実際に五〇〇円玉一枚しか持っておらへんとか、アパートの家賃が払えず、車の中で寝泊まりしとるとか、ホームレス一歩手前の若い者がようけおるわな」

オモテ社会でも貧富の格差が進んでいるが、暴力団世界ではそれ以上に貧富の二極分解が露骨である。ここ二〇〜三〇年、彼らの世界では山口組の寡占化が進み、山口組の組員数は一万九〇〇〇人を数えて（準構成員を含まず）、全国組員数の四九・二％を占める。おおよそヤクザ二人のうち一人が山口組系の組員である。

そのため以下、二〇一〇年時の山口組を例に取るが、山口組本家は八五人の直系組長から成る。毎月、無役の直系組長たちは八〇万円を、役付きの直系組長たちは一一〇万円を本部に納めていることは第三章で記した。納入額を平均一〇〇万円とすれば、本部の月の上がりは八五〇〇万円。これには山口組としての慶弔交際費なども含まれるが、一人の組長の月収として八五〇〇万円は十分すぎる額だろう。年間十億円以上の実入りである。山口組本部にすれば、これは本部の経費を賄う「月会費」以外の何ものでもないが、警察は「上納金」と見る。

直系組長たちは別に毎月三〇万円を積立金として本部に納め、さらに本部を窓口としてペットボトルの水や洗剤、歯磨きチューブ、文具などの日用雑貨を半強制的に買わされている。この購入費が最低でも月に五〇万円。しめて八五人の直系組長たちはそれぞれ月二〇〇万円前後のカネを本部に納めている。

大変な出費だが、彼らにも手がある。直系組長の一人一人は地元に帰れば、それぞれが組を率いて、たいてい数十人からの組員を抱え、彼らから月会費を徴収している。組員一人当たり三〇万円で、三〇人の組員なら合計九〇〇万円、山口組本部への諸掛かり月二〇〇万円などは楽々クリアできる。

喧嘩禁止の通達

直系組長たちの経済レベルが高いことは、彼らが無事山口組を引退できたときに払われる「慰労金」約一億円に明らかだろう。今どき一億円の退職金を手にできる者など、オモテ世界にはめったにいない（その後、破門や除籍など処分者が相次ぎ、慰労金は有名無実化している）。

もっともこの一億円は山口組本部から出るものではない。引退者が出る都度、直系組長たちが一〇〇万円ずつ拠出して一億円近くを作る。直系組長たちが一〇〇人以上だったときには一億円の贈与は楽勝だったが、現在の八五人では八五〇〇万円しか集まらない。しかも引退する前に、除籍や破門など処分される直系組長が増えている。処分された者には慰労金を支払わない。

いわば会費システムは暴力団のしわ寄せの仕掛けである。会費を集める者は巨額の経費をまかなえ、会費を納めるだけの者は下位の者にしわ寄せできず、貧乏に苦しむ。しかも暴走族、鑑別所や少年刑務所上がりは減少気味で、ヤクザ人材の供給源は先細りだし、ヤミ金や振り込め詐欺の首謀者などは暴力団と距離を置いたまま半グレ集団を選びがちである。

「ヘタにヤクザに近づくと、毟られ、食い物にされるだけ。おまけにヤクザに籍を置けば警察に目をつけられて損。自分がヤクザでないなら、暴力団対策法も適用されない。今さら暴力団になる必要もメリットもない」

という認識が広がり、暴力団志望者は減少している。その上、山口組では前記の通り六〇代以上の直系組長を処分や肩叩きで排除し、四〇〜五〇代中心の若返りが策されている。それ以上高齢の世代は数少なく、逆に下の二〇〜三〇代層も薄くなりつつある。

暴力団の末端層は貧困にあえいで沈滞しているが、彼らのやる気と活気を奪っているものに民法や暴力団対策法の「使用者責任」がある。抗争などの際、組員が警官や一般人を誤射した場合、遺族から組のトップに対し損害賠償を請求する民事裁判が起こされる。どうせ実行犯にはカネがないから、カネを持っているトップを「使用者責任」で訴える仕掛けである。殺傷事件ばかりか、組員が飲食業者などに「みかじめを出せ」と恐喝しても、トップが使用者責任を問われ、損害賠償に応じなければならない訴訟がすでに提起されている。

そこで山口組をはじめ各組は抗争禁止、喧嘩禁止、違反した組員はもとより、その組員が所属する組の組長もまた処分するといった内容の通達を出している。組長など組のトップの安泰を図るためである。これで暴力団の多くはフヌケになった。

末端組員は他団体の縄張りを侵食して男を上げることも、食い物にすることもできない。周りは親戚や友誼団体ばかりの網の目の中で身動きできない情況がある。

滅亡した経済ヤクザ

バブル期までは錚々《そうそう》たる経済ヤクザがいた。稲川会会長の石井進、山口組若頭の宅見勝などがその代表だったが、彼らが活躍した場は地上げと株であり、二つが低落した今は、その後に続く経済ヤクザも名の上げようがない。

二〇〇八年大阪の不動産会社「光誉実業」社長・朝治博が東証二部上場の建設・不動産会社「スルガコーポレーション」から依頼され、都心のビル入居者らに立ち退きを交渉し、報酬を得たとして逮捕された。朝治は山口組の故・宅見勝と親しく、警察は山口組と関係が深い企業と見ていたが、朝治博を経済ヤクザとは呼べまい。せいぜい大きく見て山口組系の企業舎弟だろう。

一九九九年黒木正博がオーナーの「リキッド・オーディオ・ジャパン」は東証マザーズに第一号として上場したが、翌二〇〇〇年、社長の大神田正文が逮捕監禁容疑で逮捕され、実刑判決を受けた。同社はその後社名を「サイバー・ミュージックエンタテイメント」、「ニューディール」に改称し、二〇〇九年上場廃止が決定したが、大神田らもIT時代の経済ヤクザと呼ぶわけにいかない。とりわけリーマンショックに発する金融危機以降、経済ヤクザは存在し得ないと見た方がいいのかもしれない。

暴力団は戦後長いこと法の隙間にシノギを見つけるスキマ産業が得意だったし、そうした業態を創出してきた。地上げ、倒産整理、競馬競輪のノミ行為、債権回収、交通事故の示談交渉介入、用心棒、覚醒剤の密売、パチンコの景品買いなど、負のサービス業とされるものはおおむね彼らの発明だった。だが、IT産業の登場以後、新しいシノギを見出せず、むしろ半グレがそれらを発見・発明している。

国際化を拒む

暴力団情報に詳しい関西の事業家が語る。

「振り込め詐欺の初期はオレオレ詐欺だったが、これはもともとヤミ金が警察の摘発で全滅した後、ヤミ金の店長クラスが、貸したカネを踏み倒されるくらいなら、貸してもいないカネを素人から毟り取ってやるといって、始めたことだ。

携帯電話の出会い系サイトやエロ動画、第三者名義の銀行口座やメールアドレスの販売、トバシの携帯などはその分野の不良社員やオタク系の不良が始めたことで、暴力団は彼らに頼まれ、ケツ持ち（後見人、用心棒）や金主になっただけのことだ。

フィリピン・カジノのライブと称するネット・カジノもそうだったし、今一部、物の分かったヤクザが手掛けようとしているペニー・オークション（「iPhone」が一円で出品されるなど、驚異的な安値でスタートするが、入札の都度七五円など高額の手数料を科せられる。競り合うと巨額を失う）、オランダ・カジノへの日本客の誘導サイトの運営（客の負け金の半分が誘導した者の収入になる）など、すべてヤクザの発案ではなく、後からの参加だ。たいていのヤクザが怠け者で知識もないから、新シノギが見つからず、カネに詰まれば女房を風俗に沈めるとか、自分が長距離トラックに乗るとか、強・窃盗に走るとか、旧態依然とした対応しかできていない」

このコメントには若干解説が必要だろう。ふつう賭博罪は胴元、賭け金の価額、賭け客の三つが揃って立件される。フィリピン・カジノによるネット・カジノは胴元がフィリピンだから、日本の警察は摘発できないという読みから流行したが、警察は胴元に言及することなく、ネット・カジノという場で金銭の受け渡しがあった以上、賭博だとして全国各地で摘発した。これに対して、オランダ・カジノは胴元もカネの受け渡しもオランダだから、日本で誘導窓口を設けた者が賭博開帳図利容疑で逮捕されることはないという解釈がされ、一部、頭の進んだヤクザたちが取り組んでいるテーマである。

現在、ヤクザのシノギは伝統型に回帰したといわれている。土地、株、ITすべてが八方塞がりで、昔ながらの覚醒剤密売や管理売春、裏カジノなどの賭博にほそぼそ活路を見出しているわけだが、とはいえ、新シノギがITやインターネット、国際的な協同などに関係していることは事実だろう。早い話、振り込め詐欺はついに中国を発信地として、日本の半グレが日本の被害者に向けて電話をかける犯罪にまで変質した。

だが、日本の名だたる暴力団は外国人マフィアとの連携に積極的でなく、弘道会が主導する山口組では原則、外国人との交際を禁止している。ばかりか錦三《きんさん》や栄など名古屋の繁華街では、長らく弘道会系組員が集団警邏《けいら》し、外国人男女を排除する運動を続けてきた。もちろん覚醒剤やコカイン、MDMAの密輸などでは海外の組織犯罪集団と結ぶことが不可欠だが、それらは表向き公認され、奨励されるものではない。

逆に海外マフィアが日本に積極的に上陸しているかといえば、それも宝飾品狙いの爆窃団、ピンクパンサー、中古車の窃盗・密輸出、偽造クレジットカードの持ち込み・不正使用など、犯罪の遂行に言葉を必要としないヒット・アンド・アウェイ方式が多い。これらの犯罪で日本と外国の組織犯罪集団が協同しているかといえば、そうではなかろう。おそらくは日本語という深い溝があるため、日本と外国との協同が必要最低限に絞られる反面、日本と外国集団との間に目立った利害対立や衝突もない。

信長、秀吉、家康を兼ねる暴力団幕府

もちろん日本の暴力団側には外国マフィアと身を挺して戦う気概はない。戦後の焼け跡、闇市時代とは異なり、外国マフィアと抗争すれば、日本の警察が真っ先に目をつけるのは日本暴力団側、だからやるだけ損という意識が働いている。国民の拍手喝采も期待できないのだ。

この例外が二〇〇二年九月に発生した新宿・歌舞伎町風林会館一階「パリジェンヌ」での殺傷事件だろう。住吉会系幸平一家の幹部組員二人が同所で交渉中、中国人マフィアに拳銃で殺傷された。さすがに正面切って襲撃された幸平一家はいきり立

ち、損得勘定を離れて中国人マフィアを追跡した。翌月、幸平一家は運転手役をつとめた中国人を刺殺し、死体を近くの駐車場に遺棄した。だが、警視庁はこの報復行為に理解を示さず、幸平一家の五人を指名手配し、数人を逮捕した。

パリジェンヌ事件を強行したのは中国黒龍江省や吉林省などが出身地の東北幇《バン》だったが、事件後、住吉会側の報復を恐れたのか、歌舞伎町から中国人の数が少なくなったのは事実である。

日本の暴力団は山口組が主導している。山口組がガリバー型の大を誇っている上、暴力団対策法で指定された団体のうち、一一団体以上と親戚・友誼関係を結んでいる。

警察庁の安藤隆春長官が二〇一〇年五月、全国の警察本部の捜査担当課長を集めた会議で、「弘道会の弱体化なくして山口組の弱体化はなく、山口組の弱体化なくして暴力団全体の弱体化はない」と言った通りの現状がある。

では、山口組首脳部が日本の暴力団をどこに持っていくかだが、他団体との平和共存が大前提であることはほぼ疑えない。抗争すればお互いに損という認識は各団体とも共通している。その上で二〇一一年四月、東京・府中刑務所から出所した司忍組長の施政方針は山口組というより、弘道会による暴力団幕府の創設と、弘道会幕府による長期の平和のはずである。

というのは、弘道会は名古屋で対立する暴力団を滅ぼし、統合し、統一を成し遂げた実績を持つ上、司組長はいずれも愛知出身である織田信長、豊臣秀吉、徳川家康を信奉し、一身でこれら三人を兼ねる構想を持つからだ。

足下が揺らぐ山口組

とはいえ、彼の構想が実現する可能性は少ない。司忍の出所の前までと期限を区切って、兵庫県警や大阪府警、警視庁が盛んに幹部級の逮捕を重ねている他、全国の自治体が暴力団を排除する条例を次々と施行しているからだ。暴力団は公共住宅や民間住宅から締め出され、公共工事の下請け、孫請けからも排除されつつある。加えるに末端組員が極度に窮乏化し、暴力団はいわば下部構造から揺らいでいる。暴力団にとって終わりの始まりは今かもしれない。

末端の組員層が暴力団では食えない情況が徐々に深まっている。食えなければ所属する組に月々支払う「会費」も当然払えなくなる。否応なく暴力団からもドロップアウトし、足を洗ってごく一部が堅気になり、大多数がより犯罪性を強めて常習犯罪者へと転落していく。

では、このまま暴力団が根絶されるかといえば、そうではない。暴力団は末端から崩れつつあるとはいえ、殺人や強盗、誘拐など凶悪な解体熱を発散しつつ、一部の富裕な上層部を温存している。

もともと暴力団対策法の眼目は組員の違法な経済活動（地上げや債権回収、みかじめ料の取り立て、示談交渉への介入など）を禁止し、中止命令を出すところにあり、自らシノギに手を出さない上層部に対しては「使用者責任」の他、リーチが及びにくい。その使用者責任も畢竟《ひっきょう》カネを払えばすむ話で、暴対法は上層部の身柄を取って服役させる法律ではない。末端組員だけを捕まえ上層部を野放しでは、暴力団の根絶など百年河清《かせい》を待つに等しい。

暴力団は「半社会的」存在

末端という下部構造が揺らいでいる今、暴力団は壊滅の危機にあるといえよう。全国の民暴対策弁護士の間では、暴力団の結成、加盟の呼び掛け、加盟、すべてを違法とする「反暴力団法」を制定しようとする動きもある。その上で足抜けした組員に対しては一般市民として扱い、就職差別しないことなどをうたう。

暴力団など組織犯罪集団は「必要悪」ではなく、単純に「悪」「違法」とするスッキリした法律は捜査の便になるばかりか、今の世に受け入れられる土壌ができつつある。

考えれば、諸外国でも事情は同じである。多くの国は、たとえばマフィアなど組織犯罪集団の存在そのものを否定している。組織を設立することはもちろん、それを維持すること、加入を呼び掛けること、加入すること、すべてを禁止し、その違反は刑事罰の対象になる。

その意味で組織犯罪集団の摘発には、日本ほど手を焼かずにすむ。日本では暴力団を暴力団として指定するために、まず前提として幹部構成員の犯罪歴や全体に占めるその割合を調査しなければならないが、諸外国ではそうではない。イタリアのマフィアや香港の三合会、中国の黒社会、台湾の流氓《リユウマン》はそれ自体が違法であり、アウトなのだ。

日本の暴力団は長らくヤクザと呼ばれ、社会に認められているような、いないような「半社会的」存在だった。暴力団は社会から半ば公認されていた時代が間違いなくあった。ヤクザは浪曲や講談、歌謡曲、新国劇、大衆小説などで美化され、しかも敗戦後の混乱期には当時第三国人と呼ばれた朝鮮人や中国人、台湾省民などの闇市支配をその暴力で打ち砕き、最低限の治安を維持するため警察を助けたことで、日本国民から一定の支持と好意を勝ち取っていた。

警察にも敗戦直後の非力な時代に、暴力団に助けられたという記憶は残されていた。だからこそ六〇年安保のとき、自民党の政治家や警察の間に、暴力団や右翼を組織して左派勢力に対抗させるという計画が持ち上がり、実際に稼働される一歩手前まで行ったのだろう。

当時の暴力団はバクチや覚醒剤など悪さはするが、少なくとも強盗や窃盗はせず、堅気は殺傷しない、といった程度の信用は得ていた。暴力団の経済力も平均的な国民のレベルに留まり、同じ長屋に住むお隣さんクラスだった。しかし高度経済成長の時代、暴力団の上層部は飛躍的に収益性を高め、白亜の大豪邸に住む存在に変わった。もはやお隣さんではない。国民の間に暴力団上層部に対する不満や嫉妬、不公平感が生まれた。唯一、暴力団を暴力団と見なし得るのは、互いに互いを殺し合う抗争にあって、損を承知で突っ込むその非合理と蛮勇においてだった。

警察には非常時の際、暴力団の暴力を活用できるかもしれないという助平根性が抜けなかった。それが暴力団対策法が持つ不徹底さの原因だったかもしれない。

暴力団は暴力団対策法の施行とほぼ時期を同じくして抗争を止めた。暴力団上層部が長期の服役を恐れて組員を抗争に走らせなかったため、暴力団は鉄砲玉の演劇性を薄め、国民を血湧き肉躍る活劇で慰謝する役割を放棄したのだ。

これでは暴力団は愛されない。一般人が容易にやれないバカをやってこそ暴力団だという認識は国民の間にかなり広範囲に広がっている。

日本では暴力団対策法が暴力団の存在を認めても、全国自治体の暴排条例が実質的に存在を認めていない。警察庁も暴排条例づくりを奨励し、バックアップしていることを見れば、条例により暴対法のゆるさを補おうとしている可能性はある。

山口組の組長・司忍が再び君臨する山口組は半グレ集団の侵食を受ける。もはや暴力団と暴力団が総力を挙げてぶつかり合う時代ではなく、暴力団と半グレ集団、どちらがシノギで勝つか、隠微な経済戦争の時代である。シノギに勝てば多くのメンバーを養える。負ければ、時代に負けたということで退場を迫られる。

今、暴力団は割に合わない稼業になりつつある。

第十章　警察と半グレ集団が暴力団に代わる日

震災が招くヤクザのさらなる地盤沈下

山口組の組長・司忍は二〇一一年四月に刑を終え、府中刑務所を出て山口組本家に戻った。出所する前の三月一一日、司が出所した後の舞台を決定的に変えたのは東日本大震災だった。

マグニチュード九・〇の巨大地震は全国警察の重点取り組みを変え、山口組・弘道会への徹底締め付けも当分の間、見合わせざるを得なくなった。山口組は東北・関東地方で分布が薄く、直系組では福島に七代目奥州会津角定一家（総長・波入信一）、東京に五代目國粋会（会長・藤井英治）、横浜に三代目益田組（組長・山嵜昌之）と二代目浜尾組（組長・浜田重正）があるだけだが、三次組織、四次組織のレベルでは多数存在する。

山口組の五代目組長・渡辺芳則の時代には阪神淡路大震災（一九九五年発生）に見舞われた。執行部の主導で全国の組織から救援物質を神戸の総本部に集中配送させ、被災住民に配布したが、同じように六代目山口組も田岡一雄の時代に創立した「麻薬追放国土浄化同盟」を久しぶりに活用し、両者の名で宮城県、岩手県、福島県の南相馬市、いわき市、福島市などで救援活動した。全国各地で支援物資を調達し、被災地に届ける活動が主だったが、一部被災民家の片づけもしたようだ。これらの模様は「同盟」のホームページに記録されている。

警察庁も大震災の対応に追われたが、山口組への締め付けはゆるまなかった。警察庁の安藤隆春長官は直々《じきじき》に弘道会と山口組の弱体化を目指し、全国の警察を動員して山口組を締め上げるべく陣頭指揮に立っていた。そのため本来なら司を丁重に迎えるべき若頭・髙山清司さえ二〇一〇年一一月、恐喝容疑で塀の中に落ちた。

警察にすれば、山口組による被災地救援などはお笑い種《ぐさ》だろう。もはや町奴《まちやっこ》の頭《かしら》、幡随院長兵衛《ばんずいいんちょうべえ》の江戸時代ではない。彼らの乏しい機動力や人員で被災地を復興支援するなど、検討するまでもなく不可能である。組員がボランティア団体に参加するにしろ、暴力団は和を乱し、むしろ足手まといになる。復興支援に力あるのは警察や自衛隊、各地の消防隊、海上保安庁などであり、暴力団の出る幕など、あるわけがないと、警察庁は言下《げんか》に否定しただろう。

東日本大震災は暴力団の社会的位置を震災前よりさらに低下させるにちがいない。

戦前まで災害時などにヤクザが辛うじて果たしていた役割は完全に警察など官僚組織に取って代わられた。暴力団の有用性はさらに否定されていく。

露店からも排除

現在は暴力団の人権といって言い過ぎなら暴力団組員の生活権さえ否定される時代である。いい例が全都道府県で実施されている暴力団排除条例である。組員は公共工事の下請けはもちろん孫請けからも排除され、かつ祭礼で露店も開けない。

たとえば二〇一一年一〇月に施行された東京都の暴排条例を見ると、おおむね次のように定めている。いささか長くなるが、紹介する。

〈東京都は都の事業で民間業者と契約する場合、契約の相手方やその代理者、または仲介者が暴力団関係者と判明したときには相手に通告することなく契約を解除できる。

また契約した相手がこれに関連する契約（工事の下請けなど）の相手側、代理者、仲介者などが暴力団関係者と判明した場合には、都は契約した相手に、関連契約を解除するよう求めることができる。

もし契約相手が正当な理由なくこれを拒めば、都はその契約相手を以後、都の契約に関与させないことができる。


祭礼、花火大会、興行などの主催者などは、その行事の運営に暴力団または暴力団員などを関与させないなど、その行事から暴力団を排除するために必要な措置を講ずるよう努める。


事業者は、その契約が暴力団の活動・運営を助けることとなる疑いがあると認める場合には、その契約の相手方、代理者、媒介者などが暴力団関係者でないことを確認するよう努める。

事業者は、契約を締結する場合、次のような内容の特約を契約書等に定めるよう努める。

Ⅰ　契約の相手方、代理者、媒介者等が暴力団関係者だと判明した場合には、催告することなく契約を解除することができること。

II　その契約の関連契約（下請けなど）の当事者、代理者、媒介者などが暴力団関係者だと判明した場合には、契約の相手側に対し、その関連契約の解除等の措置を講ずるよう求めることができること。

都内に所在する不動産の譲渡または貸し付けをする者は、契約を締結するに当たり契約の相手側に対し、不動産を暴力団事務所として利用するものでないことを確認するよう努めるものとする。

不動産の譲渡または貸し付けをする者は、契約を締結する場合には、次の内容の特約を契約書等に定めるよう努めるものとする。

I　その不動産を暴力団事務所として利用し、または第三者に暴力団事務所として利用させてはならないこと。

何人も、暴力団員が暴力団員である事実を隠蔽することとなる事情を知って、暴力団員に対し、自己の名義を利用させてはならない。〉

現実はさらに先を行き、都内のマンションで部屋を借りられないのは暴力団事務所ばかりではなく、暴力団員個人もである。しかも他人に名義を借りたくても、契約書に借名名義を記すこと自体が詐欺などの罪名で逮捕される理由になる。

生活権を否定されるヤクザ

こうして暴力団組員は公共住宅からはもちろん、民間の不動産からも締め出される。銀行口座もつくれないし、証券取引口座もつくれない。貸し金庫も借りられない。公共工事や民間工事の下請け、孫請けにも入れない。そのため子供の学校の授業料を銀行口座から自動引き落としすることもできない。

暴力団は生活するなというに等しいから、都道府県の暴排条例や銀行不動産、損保などの業界による暴力団排除要綱は暴力団対策法以上に、組員にとっては厳しい。しかも当の暴力団側はこうした規制に対し、なんら異議を唱えていない。どうせ訴え出てもムダと諦《あきら》めきっているのだろうが、考えれば驚くべきことである。

憲法第二五条は定めている。

〈すべて国民は、健康で文化的な最低限度の生活を営む権利を有する。

国は、すべての生活部面について、社会福祉、社会保障及び公衆衛生の向上及び増進に努めなければならない。〉

各地の暴排条例がこの二五条に違反していることは明らかと思うのだが、暴力団側からの反論や行政訴訟の提起はない。暴力団のトップが豪奢《ごうしゃ》な生活を送っていることと、また暴力団の中間層以下が満足に税金を納めていないことは事実だろう。インチキで生活保護を受給している組員もいるかもしれない。

内心、疚《やま》しさを感じることは多いかもしれないが、それにしても、暴力団の中から上がるべき声が上がらない。おまけに暴力団は社会的に孤立し、味方してくれる勢力を持たない。ヤクザファンはいても、政治的に助《すけ》っ人《と》を買って出てくれることはない。

総会屋に代わる警察OB

現在、総会屋は壊滅したに等しいが、まだ警察は総会屋の害を言い立てている。総会屋が存続した方が警察にとってメリットが大きいからだ。

早い話、企業が株式を上場すると特殊暴力防止対策連合会（略称・特防連）に加盟させる。企業の入会金は二〇〇万円、年会費は約一二〇万円と伝えられる。

特防連は東京・霞ヶ関の警察総合庁舎二階に事務所を置く社団法人であり、企業が株主総会を開く前に模擬株主総会を開いて総会屋対策を教え、総会当日に総会屋が出席すると分かれば、現役警官を警備員として配置するという。

最近、加盟企業からの問い合わせは総会屋より、むしろクレーマーについてのものが多いそうだが、特防連は企業の問い合わせに現役警察官や警察専用の前科・前歴者アーカイブを利用して、その者がどのような人物か教え、またどう対処すべきか応対法をアドバイスする。

特防連は東京（警視庁）の他、神奈川、静岡、愛知、京都、大阪、兵庫、福井の全国七府県に存在し、その幹部や職員は圧倒的に捜査四課や暴力団対策課などの警察OBである。また大企業の総務部には同じく警察OBが天下りし、企業からは、警察OBに対する給与総額は総会屋に払うより高くつくと嘆かれるほどである。

つまり警察が総会屋に取って代わって企業を食っている。パチンコ店の用心棒やパチンコの景品買いは少し前まで暴力団のシノギと決まっていたが、現在はパチンコ業界全体が警察の植民地になっている。

パチンコ店の営業許可はもちろん、店の各シマに配置されたパチンコ、パチスロ機に違法性がないかどうかは所轄警察署の生活安全課がチェックする。売り出す前のパチンコ、パチスロ機は警察庁の外郭団体である保通協（財団法人・保安電子通信技術協会）が風適法（風俗営業等の規制及び業務の適正化等に関する法律）の機械基準に適合しているかどうか試験、検査する。

あげく警察OBはキャリア、ノンキャリアを問わず、パチンコホールの組合である「全日遊連（全日本遊技事業協同組合連合会）」や、パチンコ台販売会社の集まりである「全商協（全国遊技機商業協同組合連合会）」、パチスロ機販売会社の集まりである「回胴遊商（回胴式遊技機商業協同組合）」、パチンコ台メーカーの集まりである「日工組（日本遊技機工業組合）」、またメーカー、周辺機器会社、ホールなど遊技機関連事業者が横断的に加盟する「日遊協（社団法人・日本遊技関連事業協会）」などの幹部、職員などに天下りする。

警察官の天下りはこれだけに留まらず、パチンコホールの大手やパチンコ台メーカー、景品交換所、景品問屋などにも及んでいる。一説に一都道府県当たり一〇〇〇人の警察官ＯＢがパチンコ業界に再就職しているとされる。これが事実なら全国四七都道府県には四万七〇〇〇人の警察官ＯＢがパチンコがらみで再就職していることになる。

ヤクザを侵食する警察

総会屋は警察に潰され、企業は総会屋対策の名の下に警察に侵食された。パチンコ業界は警察に征圧され、現職、ＯＢを含め警察官のよき食い物に変質させられた。警察に追い詰められた暴力団は、いずれ警察に取って代わられるのだろうか。

元暴力団関係者の事業家は言う。

「警察は暴力団を潰して、その後に座る。かつて総会屋に起こったことが暴力団全体に起こる。そう見てまちがいない」

本当なのか。そういえば一九九二年から施行された暴力団対策法には、警察が暴力団に取って代わるシステムの設置が早くも仕掛けられている。同法三十二条に、各都道府県に暴力追放運動推進（暴追）センターを設けることができるとしているのがそれである。

暴力追放運動推進センターの事業は、次のようなものである。

一、組員による不当行為を予防すべく知識の普及と思想の高揚を図る広報活動
二、民間の自主的な組織活動の援助
三、組員の不当行為に関する相談に応ずる
四、少年に対する暴力団の影響を排除するための活動
五、暴力団から離脱したい者を助けるための活動
六、企業における暴追責任者の選任や指導、資料提供、助言などを行い、暴追責任者に対し講習する

七、不当要求情報管理機関の業務を助ける

八、不当行為の被害者に対する見舞金の支給、民事訴訟の支援、その他の救援を行う

九、風適法三八条に定める少年指導委員に対する必要な研修を行う

一〇、前各号に対する附帯事業……

この他に暴対法は「全国暴力追放運動推進センター」をも設けるとしている。これら全国の暴追センターが警察官ＯＢの受け皿機関になっていることは確かだし、暴対法により警察力はより広範に拡大し、国民に対する影響力を増している。

先に挙げた東京都の暴排条例を見ても、「都の責務」として、都は暴追都民センター等の暴排活動の推進を目的とする機関・団体との連携を図りながら、暴排活動に関する施策を推進するとうたっている。都は暴追都民センターと連携して、広報・啓発、支援・情報提供・指導・助言、青少年教育の支援、職員の派遣を行い、また暴排活動に取り組んだことにより暴力団や組員から危害を受ける恐れのある者に対する警察官による警戒活動等の保護措置を講ずる——としている。

全国の暴排条例は都の暴排条例と大同小異であり、いずれも暴対法で定める「暴力

追放運動推進センター」を補強し、バックアップしている。暴力団が退いた後を埋めるのは警察力だと断言して間違いない。

司幕府という夢

しかし他方、暴力団は負のサービス産業でもある。負とはいえ、何らかの組織や人がそのサービスを代行しなければ、受益者・消費者は困惑する。たとえば、これまで暴力団がもっぱら担ってきた覚醒剤の密輸入と密売は暴力団退潮の後、どういう団体が担うことになるのか。

まさか警察が暴力団に代わるといっても、警察や病院がこっそり覚醒剤や向精神薬を中毒者に横流しするわけにはいかない。当然、覚醒剤の密売はそれ専門の半グレ集団が担うことになる。

およそ覚醒剤商売はこれまでも「代紋でする商売とは違う」といわれていた。つまり扱う暴力団が山口組や松葉会、あるいは地方の小組織であっても、なんら関係なく、組織をまたいで横断的に流通している。たとえば広島の共政会系組織が密輸入元となった覚醒剤は山口組系組織にも松葉会系組織にも流れるし、山口組が仲卸になった場合にも、その荷は全国どの系統の組織にも流れる。たいていの組織が覚醒剤の密売を表向き禁じている以上、内規に違反しても覚醒剤を扱ってくれる組織は貴重であり、系統についてあれこれ注文をつけることはあり得ない。

覚醒剤に特化した半グレ集団が覚醒剤の密輸入元になったとして、山口組系組織が横槍を入れて、日本国内で荷が捌けないという事態はあり得ない。ブツがあることが重要であり、どこの誰が扱うかは本来問題になり得ないのだ。

暴力団が百貨店とすれば、半グレ集団は専門店である。多数に名を知られないことが半グレ集団の営業の安全を保証しているのだから、無名であることが営業の妨げになることはない。犯罪社会は今後、小組織へと分解される傾向があるのではないか。

山口組は六代目組長の初期、「天下統一」を夢見た一時期がある。弘道会に太いパイプを持つ愛知県警の捜査関係者がこう語っていた。

「司忍組長時代の弘道会では、長いこと司組長が任侠道の夢を語り、それを髙山若頭が着々と実現していくという体制を取ってました。この体制は司組長が山口組の六代目になっても、刑務所の中に入っても、変わるものじゃない。

司組長の夢とは天下統一と司幕府の創設です。一身に織田信長と豊臣秀吉、徳川家康を兼ねたい。弘道会はまず名古屋と愛知県を統一した。次に山口組の本丸を取った。次にすべきことは上洛ならぬ上京です。首都に軍を進めて天下に大号令する。東京の國粋会に起きたことは、これです。天下統一を目指す一つの過程として、住吉会系小林会幹部射殺事件も起きた。

では、なんのための天下統一なのか。ヤクザ界の平和共存のためです。もう互いに相争う時代ではない。争わずにすむよう統一政権を樹立する。これ以上、警察の餌食《えじき》になるのはバカらしい。司組長の任侠道はこれほど気宇壮大、長期的な未来を見据えたものなんです」

およそ捜査関係者が吐く言葉とは思えないが、捜査関係者を心服させるほどに、その司幕府への思いは真剣だったのかもしれない。しかし、すでに山口組自体が警察のためギリギリ包囲され、悠長な夢を語れる時代ではなくなった。

巨大組織が足かせに

小規模団体を率いる組長が語る。

「私は今の時代を歓迎します。山口組に限らず、暴力団世界が警察力の前に追い詰められていく。結構なことと思う。

なぜなら、私のところが山口組と喧嘩しても、山口組全体と喧嘩することにならない。山口組の系列のホンの一部と喧嘩するだけだから、ことによるとこっちが勝てるかもしれない。山口組の他の系列は応援に動かないし、実際上、動くと損と思うから動けない。つまり組織の大小は関係なくなった。

山口組が大きな顔をするのは面白くない。今後、大小関係なく一対一で喧嘩できるなら、それは実力勝負ということです。私らのような小さなところでも勝てる可能性が出てきたんだから、歓迎しない手はない」

山口組の巨大さが問題にならない時代になった。逆に警察や他の暴力団にとって大組織はそれだけ的《まと》が大きいことを意味する。下手な鉄砲でも大組織に向けて撃てば、当たる確率が高い。

とすれば、半グレ集団が覚醒剤の全国マーケットを支配することも十分あり得るのだ。すでに組織の大がメリットではなく、足かせになった以上、小ささは目立たないことを意味し、小さいこと自体が優位点になる。

組織的に見れば、反社会勢力の中の退化である。組織がアメーバー状に小さく不定型になる。組織はそうなることによって耐性を増す。

そういう世界では全国を統一する組織はもちろん、全国に支店網を広げる組織もバカげている。それどころか、全国の同業他社と友誼関係を結ぶことも、親戚づきあいすることも不要である。

「この者を破門した。お宅においてもこの者をグループ員として拾うな」

という回状も要らない。

個々のグループ間に交際がなく、グループはそれぞれの才覚で蠢《うごめ》いているだけだから、意識や情報の統一、均一化は必要でない。

フィクサーは何処へ

つまり半グレ集団は退化することで、より環境に適うよう進化していく。その裏で暴力団はさらに退潮し、暴力団が保持しようとした親子盃、兄弟盃の儀式もなくなるし、あったとしての話だが、伝統的なヤクザ文化もなくなる。山口組組長・司忍が目指した国盗り物語も雲散霧消する。

すなわち地域、地域に単なる犯罪者グループが潜在している状況が半グレ集団の時代である。覚醒剤と同様、管理売春やギャンブルといった負のサービス業はそれぞれ専門の半グレ集団が担っていく。そこには単に財をめぐる暗闘があるだけという殺伐とした情況になる。

暴力団に対する暴力団対策法のような、半グレ集団に対する特別法はなく、全国都道府県の暴排条例も半グレ集団に対する特別な条項を用意していない。半グレ集団に対しては刑法のような一般法が適用されるだけである。法の面でも半グレ集団は時代に適った組織といえるかもしれない。

しかし暴力団のとりわけ首脳部が担ってきた顔役機能、フィクサー業務は誰が担うことになるのか。企業などがトラブルを抱えたとき、法律や裁判所以上にすばやく断を下せ、争いの当事者双方とも納得させる役割はどのような時代にも必要とされる。誰かが担うことを求められている。

警察がフィクサーを代行するわけにはいかない。戦前、警察署長が抗争寸前のヤクザ組織に乗り込み、双方をなだめ、抗争を回避させたことはあるが、かといって今の時代、警察が企業とその取引先のトラブルに介入できるはずがない。

山口組や住吉会トップの一部スターヤクザがフィクサーとして生き残る可能性はある。その者はフィクサーとして手兵《しゅへい》の若者を持たず、単なる口先フィクサーにすぎないかもしれないが、それでも争いごとの仲裁・調停は時の氏神として、当事者に感謝される可能性はある。

だが、まちがっても半グレ集団の中からフィクサーは現れない。半グレはどこまでいっても影の人、世間に顔向けができない犯罪者だからだ。

すでに行われていることだが、一部の国会議員や有力政治家がフィクサー業務に手を広げるかもしれない。政治家は現代の顔役であり、争いの中に入って調停することができる。人をつなぎ、顔を立て、争う両者の間で話をつけ、解決後は謝礼も利権もしっかり受け取る。

そうでなければ、争いの当事者たちはアメリカ並みに、それぞれ弁護士を立て、法廷で争うかである。訴訟大国アメリカは非能率と非常識な賠償額で知られるが、日本も同じ轍《てつ》を踏む。

法廷で黒白をつけたところで、解決までに時間がかかり、弁護士が儲かるだけの話だが、争いごととは本来そういうものだと思い澄ませば、別に不都合は生じない。単に日本社会が面白さをなくすだけかもしれない。

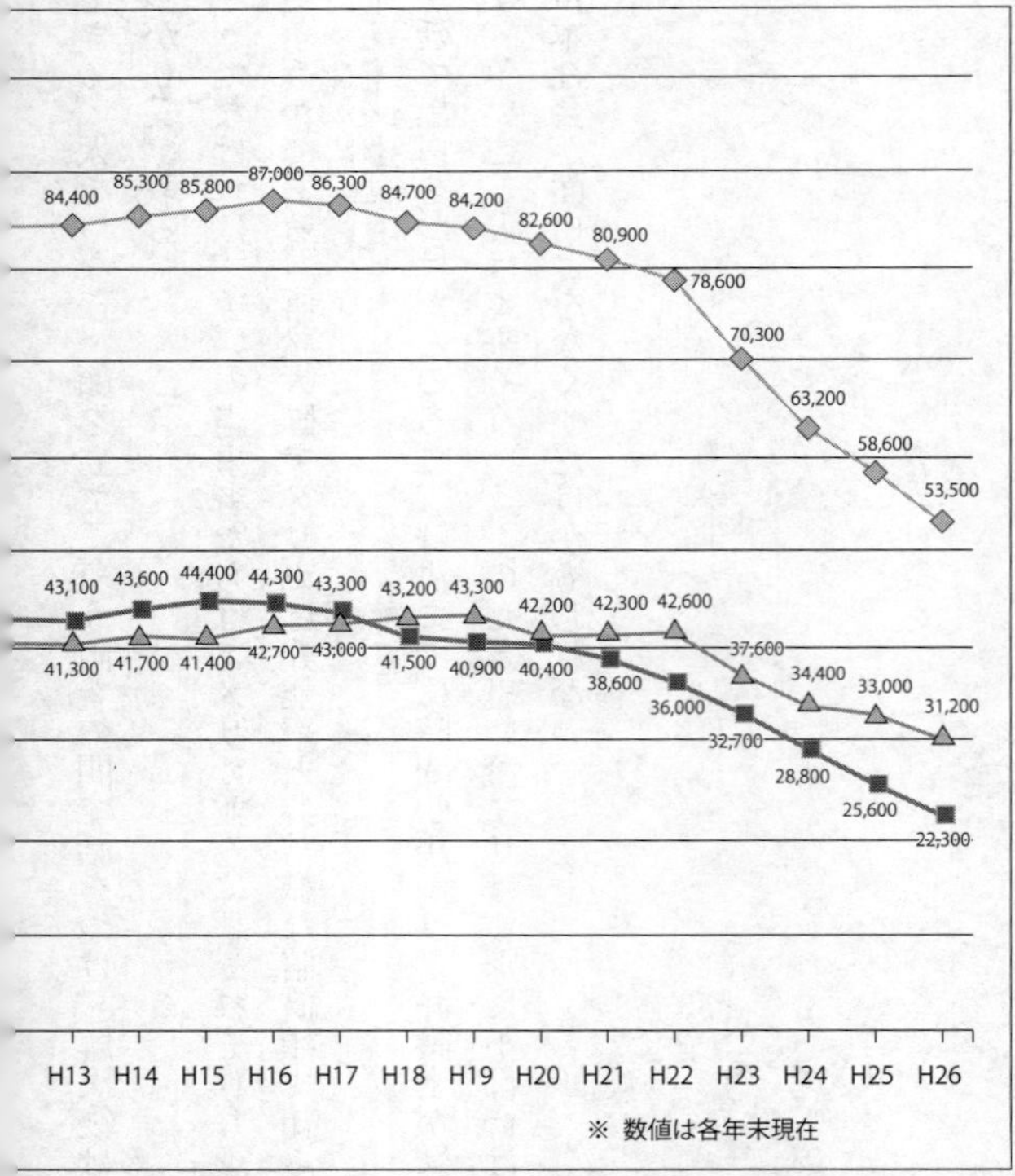

1～4とも　出典：「平成26年の暴力団情勢」――警察庁組織犯罪対策部

図表1　暴力団構成員等の推移

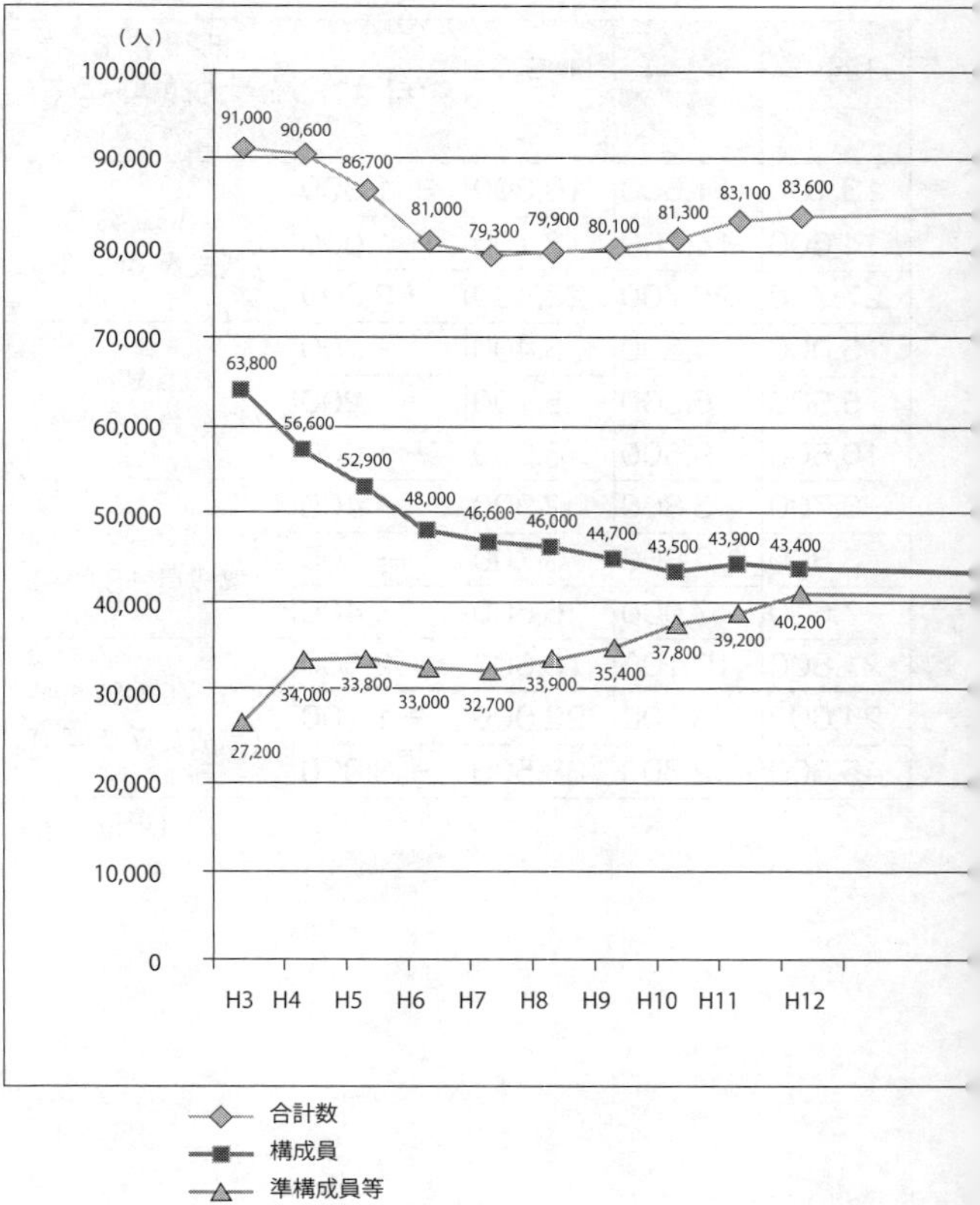

H24年末	H25年末	H26年末	前年比増減	H26年末の全暴力団構成員等に占める割合
13,100	11,600	10,300	－1,300	43.7%（構成員 46.2%）
14,600	14,100	13,100	－1,000	
27,700	25,700	23,400	－2,300	
5,000	4,200	3,400	－800	15.9%（構成員 15.2%）
5,500	5,300	5,100	－200	
10,600	9,500	8,500	－1,000	
3,700	3,300	2,900	－400	12.4%（構成員 13.0%）
3,800	3,800	3,700	－100	
7,600	7,000	6,600	－400	
21,800	19,100	16,600	－2,500	72.0%（構成員 74.4%）
24,000	23,100	22,000	－1,100	
45,800	42,300	38,500	－3,800	

（単位：人）

図表2　主要３団体の暴力団構成員等の比較

			H21年末	H22年末	H23年末
主要3団体	六代目山口組	構成員	19,000	17,300	15,200
		準構成員等	17,400	17,600	15,800
		計	36,400	34,900	31,000
	住吉会	構成員	6,100	5,900	5,600
		準構成員等	6,700	6,700	6,100
		計	12,800	12,600	11,700
	稲川会	構成員	4,700	4,500	4,000
		準構成員等	4,700	4,600	4,100
		計	9,400	9,100	8,100
３団体合計		構成員	29,800	27,700	24,800
		準構成員等	28,800	28,900	26,100
		計	58,600	56,600	50,900

注：本項における暴力団構成員等の数は概数であり、増減及び構成比は概数上のものである。

（暴力団対策法施行前との比較）

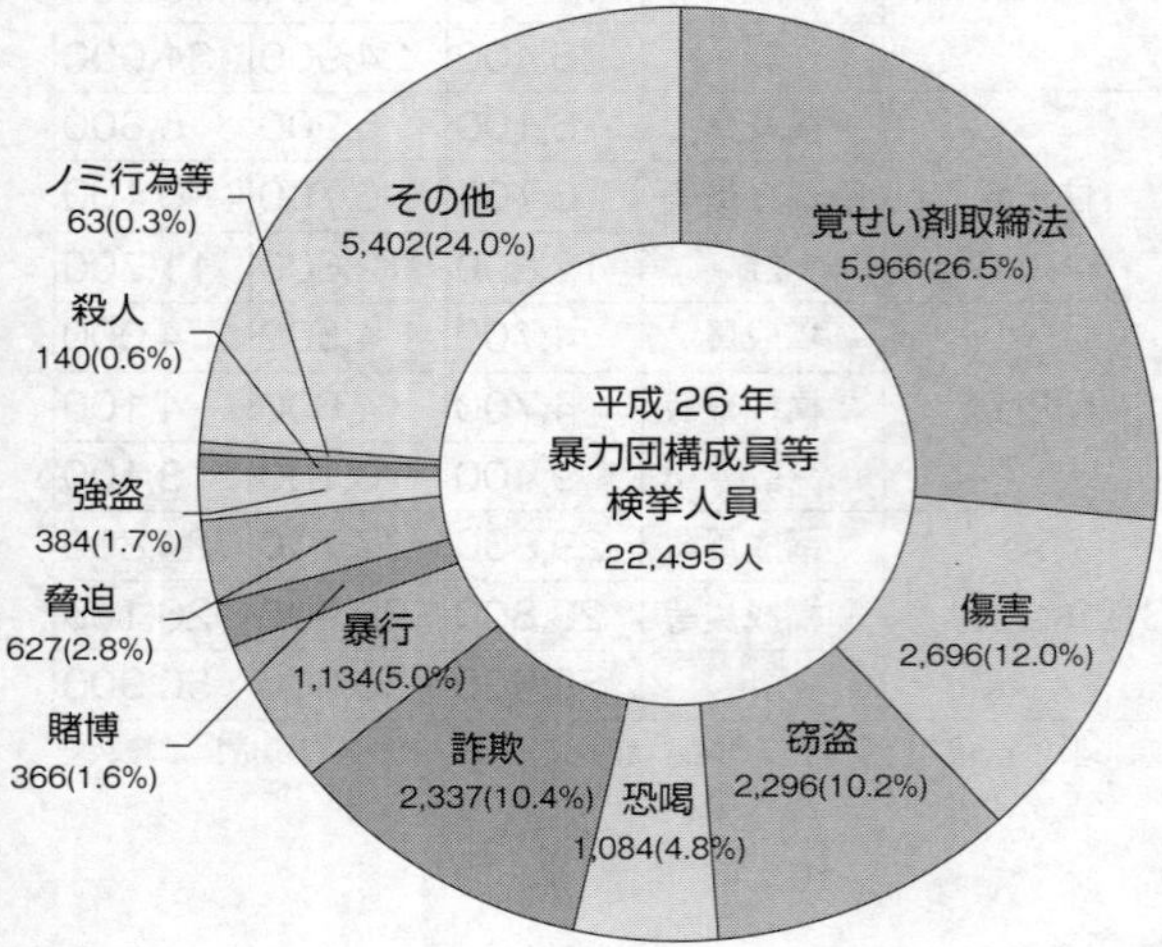

図表３　暴力団構成員等の罪種別検挙状況

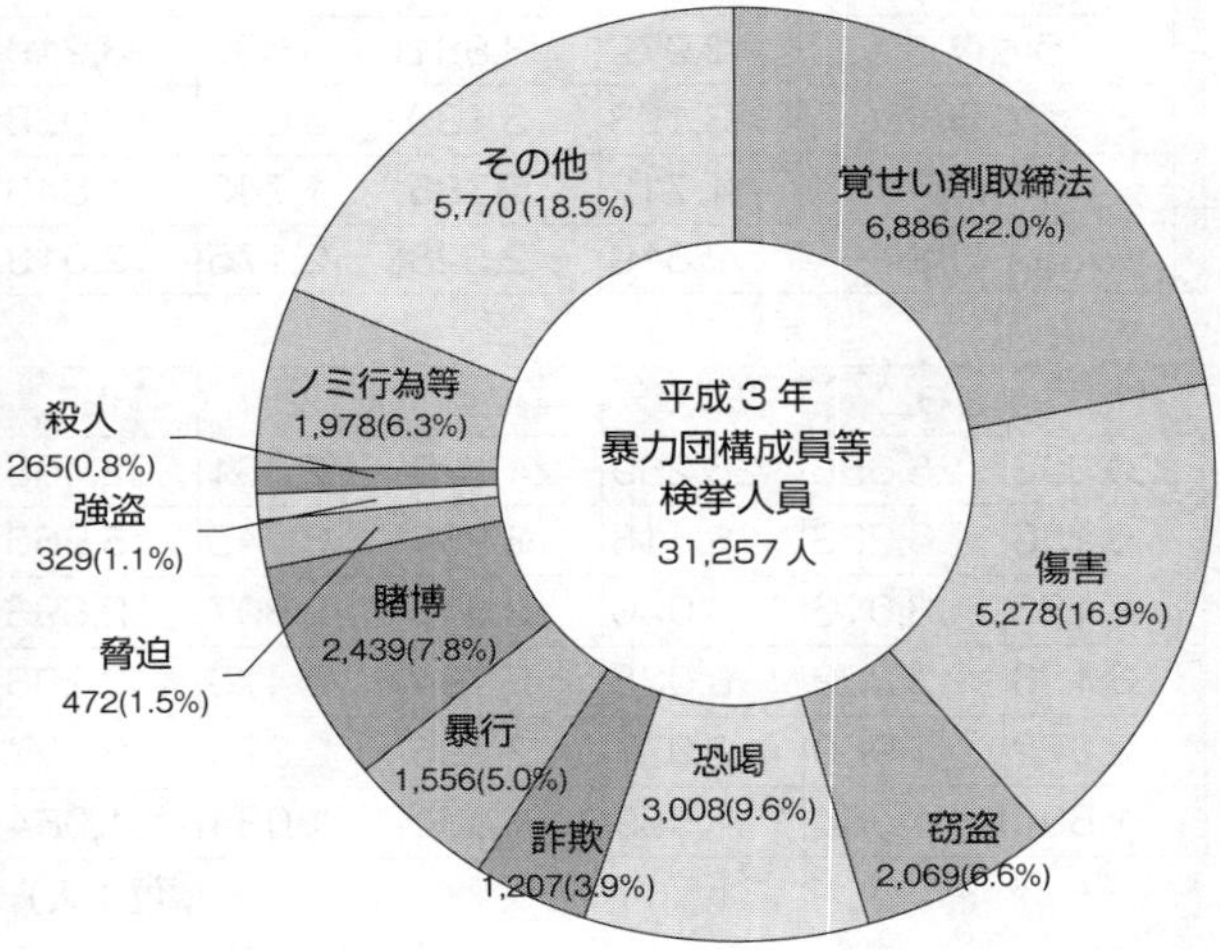

図表４　主要罪種における暴力団構成員等の検挙人員の推移

罪種名＼年次	H17	H18	H19	H20	H21	H22	H23	H24	H25	H26
総数	29,626	28,417	27,169	26,064	26,503	25,686	26,269	24,139	22,861	22,495
うち覚せい剤取締法違反	6,810	6,043	6,319	5,735	6,153	6,283	6,513	6,285	6,045	5,966
うち傷害	3,972	3,881	3,580	3,219	3,123	3,016	3,040	2,970	2,807	2,696
うち窃盗	3,198	3,139	3,050	3,028	3,136	3,329	3,538	2,794	2,470	2,296
うち詐欺	1,712	1,785	1,743	1,846	2,072	1,960	2,077	2,190	2,321	2,337
うち恐喝	2,619	2,523	2,175	2,013	1,800	1,684	1,559	1,334	1,084	1,084

（単位：人）

あとがき

本書はすでに日本社会には、暴力団とは別の半グレ集団、もしくは半グレマフィアが登場しているのではないかという疑いを検証するための試論である。

筆者は確実に半グレ集団が存在し、彼らが社会になす害は暴力団に匹敵するか、それ以上かもしれないと考えているが、半グレ集団に対する、立法を含めた法的措置は皆無に等しい。警察や行政が強調するのは暴力団対策法の強化だけであり、全国の地方自治体による暴力団排除条例のみといって過言ではない。

そのため暴力団の構成員などは生活権を否定され、末端層から生活苦による崩れを見せ始めている。この末端層の崩れがやがては暴力団上層部に押し及んでいく可能性は十分ある。

そのこと自体は慶事にちがいないが、一方、暴力団側も地下に潜り、暴力団系のマフィアになる可能性が指摘されている。

暴対法により指定暴力団に限っては、首脳部の詳細なデータが警察に蓄積されている。そのような者たちの非公然化が安易に達成されるとは考えられないが、暴対法もまた三年ごとに指定団体の指定を繰り返すため、その都度データを集め、分析しなければならない。暴力団の非公然化が進めば、一世代後には基礎データの収集さえ難しくなることは必至だろう。

つまり暴力団も暴力団対策法も今、すでに危機を迎えている。

他方、半グレ集団に対しては法的に着目する者が少ないため、彼らの犯罪に対して特別法はほとんど用意されていない。二〇〇七年一二月に「振り込め詐欺救済法」(犯罪利用預金口座等に係る資金による被害回復分配金の支払等に関する法律)ができた程度だろう。そのため半グレ集団は暴力団の退潮を尻目にわが世の春を謳歌《おうか》している。

暴力団対策法と警察の取り締まり対象が暴力団に偏重しすぎて、他の組織犯罪に対して大甘になっているからこそだろう。たしかに暴力団が実際に振るい、かつ暴力を振るうとにおわせて人を脅かす行為は憎むべき犯罪だが、暴力団の暴力だけが暴力ではないはずである。

たとえば、わずか一万四五八〇円を貸し付けて、「お前が金返せへんことを団地中に電話して、そこに住めないようにしてしまうぞ。金払われないんやったら死ね」と怒鳴り上げ、実際に借り手ばかりか一家三人を心中させたヤミ金社員の行為は暴力的ではないのか。

振り込め詐欺で高齢者の老後資金を騙し取り、高齢者の老い先短い将来を真っ暗に閉ざすオレオレ詐欺グループの首謀者やメンバーの行為は暴力的でないというのか。若い女性を騙し、風俗街に沈めて性奴隷とする行為は暴力的でないというのか。

筆者はそうではなく、彼らの行為もまた暴力的であり、彼らが一般庶民を苦しめることは暴力団が行う行為に匹敵するか、それをも超えていると考えている。

暴力団も半グレ集団も組織を組んで犯罪を遂行する集団であることに違いはない。およそ犯罪を生業とする者たちは、一般社会から退かせねばならない。彼らに大手《おおで》を振って歩かれるのは、そうでなくても住みにくいこの世の中をいっそう住みにくくする。

警察行政も暴力団対策法も不備だらけである。暴力団と同じく半グレ集団や半グレマフィアをもカバーし、彼らを摘発できる法律といえば、組織犯罪集団の存在そのものを違法とする法律のはずである。反・組織犯罪集団法を用意しなければならない。犯罪集団の結社からして問題にしなければならない。諸外国と同様、日本でも組織犯罪集団を違法とし、その創設も、運営することも、加盟の呼び掛けも、加盟することも、メンバーとなることも、すべて禁止すべき時代だろう。単に暴力団を目の仇《かたき》にすれば、能事終われりという時代ではない。

本書は一部、既発表の文章を含むが、おおよそ書き下ろしである。取材・調査に当たっては多くの方々のお力添えを得た。また文庫化に当たっては講談社生活文化局の木原進治氏のお世話になった。末尾ながら深謝する次第である。

二〇一一年四月

溝口　敦

本書は二〇一一年四月に小社より刊行された『ヤクザ崩壊　侵食される六代目山口組』を加筆・修正のうえ、再編集したものです。

溝口　敦―ノンフィクション作家。ジャーナリスト。1942年、東京都に生まれる。早稲田大学政治経済学部卒業。出版社勤務などを経て、フリーに。著書には、『暴力団』『続・暴力団』（以上、新潮新書）、『危険ドラッグ　半グレの闇稼業』（角川新書）、『詐欺の帝王』『歌舞伎町・ヤバさの真相』（以上、文春新書）、『パチンコ「30兆円の闇」』（小学館文庫）、『武富士　サラ金の帝王』『食肉の帝王』、さらに『血と抗争　山口組三代目』『山口組四代目　荒らぶる獅子』『ドキュメント　五代目山口組』『武闘派　三代目山口組若頭』『撃滅　山口組vs一和会』『四代目山口組　最期の戦い』『六代目山口組ドキュメント　2005～2007』（以上、講談社＋α文庫）などの一連の山口組ドキュメントがある。常にきわどい問題を扱い続けるハード・ノンフィクションの巨匠。『食肉の帝王』で、第25回講談社ノンフィクション賞を受賞した。

講談社＋α文庫　新装版《しんそうばん》　ヤクザ崩壊《ほうかい》　半《はん》グレ勃興《ぼっこう》
――地殻変動する日本組織犯罪地図

溝口《みぞぐち》　敦《あつし》

2015年 8 月20日第 1 刷発行
2020年 8 月17日第 3 刷発行

発行者――渡瀬昌彦
発行所――株式会社　講談社
東京都文京区音羽2-12-21　〒112-8001
電話　編集(03)5395-3532
販売(03)5395-4415
業務(03)5395-3615

デザイン――鈴木成一デザイン室
カバー印刷――凸版印刷株式会社
印刷――株式会社新藤慶昌堂
製本――株式会社国宝社

落丁本・乱丁本は購入書店名を明記のうえ、小社業務あてにお送りください。
送料は小社負担にてお取り替えします。
なお、この本の内容についてのお問い合わせは
第一事業局企画部「＋α文庫」あてにお願いいたします。
Printed in Japan ISBN978-4-06-281607-6
定価はカバーに表示してあります。

講談社+α文庫 Ⓖビジネス・ノンフィクション

- **大空のサムライ上** 死闘の果てに悔いなし　坂井三郎　世界的名著、不滅のベストセラーが新たに甦《よみがえ》った！ 撃墜王坂井と戦友たちの迫真の記録　880円 G 11-4
- **大空のサムライ下** 還らざる零戦隊　坂井三郎　絶体絶命！ 撃墜王坂井の、決死の生還クライマックス。日本にはこんな強者《つわもの》がいた!!　880円 G 11-5
- **血と抗争 山口組三代目**　溝口敦　日本を震撼させた最大の広域暴力団山口組の実態と三代目田岡一雄の虚実に迫る決定版！　880円 G 33-1
- **山口組四代目 荒らぶる獅子**　溝口敦　襲名からわずか202日で一和会の兇弾に斃《たお》れた山口組四代目竹中正久の壮絶な生涯を描く！　920円 G 33-2
- **武闘派 三代目山口組若頭**　溝口敦　「日本一の親分」田岡一雄・山口組組長の「日本一の子分」山本健一の全闘争を描く!!　880円 G 33-3
- **撃滅 山口組VS一和会**　溝口敦　四代目の座をめぐり山口組分裂す。「山一抗争」の経過。日本最大の暴力団を制する者は誰だ!?　840円 G 33-4
- **ドキュメント 五代目山口組**　溝口敦　「山一抗争」の終結、五代目山口組の組長に君臨したのは!? 徹底した取材で描く第五弾!!　840円 G 33-5
- **武富士 サラ金の帝王**　溝口敦　庶民の生き血を啜《すす》る消費者金融業のドンたちの素顔とは!? 武富士前会長が本音を語る!!　781円 G 33-6
- **食肉の帝王** 同和と暴力で巨富を掴んだ男　溝口敦　ハンナングループ・浅田満のすべて！ ㊮担当も驚く、日本を闇支配するドンの素顔!!　860円 G 33-7
- **池田大作「権力者」の構造**　溝口敦　創価学会・公明党を支配し、世界制覇をも目論《もく》む男の秘められた半生を赤裸々に綴《つづ》る!!　838円 G 33-8

＊印は書き下ろし・オリジナル作品

表示価格はすべて本体価格（税別）です。本体価格は変更することがあります

講談社+α文庫 Ⓖビジネス・ノンフィクション

新版・現代ヤクザのウラ知識	溝口敦	暴力、カネ、女…闇社会を支配するアウトローたちの実像を生々しい迫力で暴き出した！	838円	G 33-10
「ヤクザと抗争現場」溝口敦の極私的取材帳	溝口敦	抗争の最中、最前線で出会った組長たちの素顔とは？　著者が肌で感じ記した取材記録！	838円	G 33-11
細木数子　魔女の履歴書	溝口敦	妻妾同居の家に生まれ、暴力団人脈をバックに「視聴率の女王」となった女ヤクザの半生！	760円	G 33-12
*昭和梟《きょう》雄《ゆう》録	溝口敦	横井英樹、岡田茂、若狭得治、池田大作と矢野絢也。昭和の掉尾を飾った悪党たちの真実!!	876円	G 33-13
*四代目山口組　最期の戦い	溝口敦	巨艦・山口組の明日を左右する「最後の極道」竹中組の凄絶な死闘と葛藤を描く迫真ルポ！	930円	G 33-14
*ヤクザ崩壊　侵食される山口組	溝口敦	日本の闇社会を支配してきた六代目山口組の牙城を揺るがす脅威の「半グレ」集団の実像	790円	G 33-15
六代目山口組ドキュメント 2005〜2007	溝口敦	暴排条例の包囲網、半グレ集団の脅威のなか、日本最大の暴力団の実像を溝口敦が抉る！	800円	G 33-16
新装版　ヤクザ崩壊　半グレ勃興　地殻変動する日本組織犯罪地図	溝口敦	社会を脅かす暴力集団はヤクザから形を持たない半グレへ急速に変貌中。渾身ルポ！	790円	G 33-17
日本人は永遠に中国人を理解できない	孔健	「お人好しの日本人よ――」これぞ、中国人の本音だ！　誰も語ろうとしなかった驚くべき真実	640円	G 39-1
なぜ中国人は日本人にケンカを売るのか	孔健	非難合戦を繰り返す日本と中国。不毛な争いを止め、真の友人になる日はやってくるのか？	648円	G 39-3

*印は書き下ろし・オリジナル作品

表示価格はすべて本体価格(税別)です。本体価格は変更することがあります

講談社+α文庫 Ⓖビジネス・ノンフィクション

新版・企業舎弟 闇の抗争 黒い銀行家《バンカー》からヒルズ族まで 有森隆 グループK 大銀行からヒルズ族まで、裏社会はいかに表社会と結びつき、喰い尽くしていったのか!? 838円 G 60-6

*脱法企業 闇の連鎖 有森隆 グループK 新聞・TVが報じない日本経済の内幕とは? 真っ当な投資家に化《ば》けた暴力団の荒稼ぎぶり 762円 G 60-7

「規制改革」を利権にした男 宮内義彦 「かんぽの宿」で露見した「政商の手口」 有森隆 国からの「待った!」で破綻しはじめる宮内商法の全貌。「ストップ・ザ・改革利権!」 819円 G 60-8

創業家物語 世襲企業は不況に強い 有森隆 トヨタ自動車、ソニー、パナソニック、吉本興業など、超有名企業51社「暖簾の秘密」 876円 G 60-9

銀行消滅(上) あなたのメインバンクの危機を見極める 有森隆 UFJ、拓銀、長銀、日債銀……「消えた」先例に学ぶ「わが銀行資産を守る方法」第1弾 762円 G 60-10

銀行消滅(下) あなたのメインバンクの危機を見極める 有森隆 先例に学ぶ「わが銀行資産を守る方法」第2弾! りそな、九州親和、兵庫、新潟中央銀行 762円 G 60-11

機長の一万日 コックピットの恐さと快感! 田口美貴夫 民間航空のベテラン機長ならではの、コックピット裏話。空の旅の疑問もこれでスッキリ 740円 G 62-1

ナニワ金融道 ゼニのカラクリがわかるマルクス経済学 青木雄二 ゼニとはいったいなんなのか!? 資本主義経済の本質を理解すればゼニの勝者になれる!! 740円 G 64-2

暮らしてわかった! 年収100万円生活術 横田濱夫 はみ出し銀行マンが自らの体験をもとに公開する、人生を変える「節約生活」マニュアル 648円 G 65-4

安岡正篤 人間学 神渡良平 政治家、官僚、財界人たちが学んだ市井の哲人・安岡の帝王学とは何か。源流をたどる 780円 G 67-2

*印は書き下ろし・オリジナル作品

表示価格はすべて本体価格(税別)です。本体価格は変更することがあります